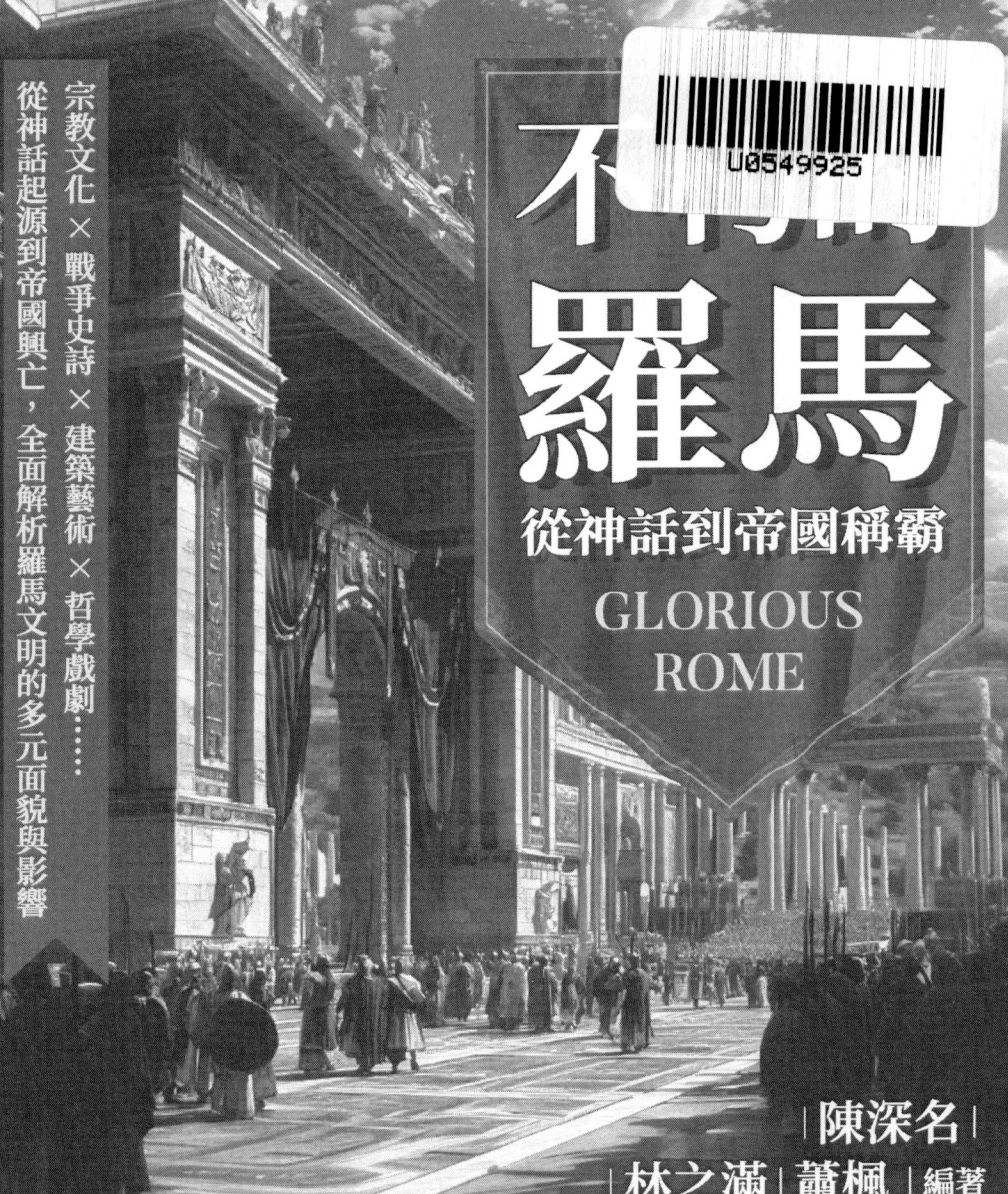

# 不朽羅馬

## 從神話到帝國稱霸

### GLORIOUS ROME

宗教文化 × 戰爭史詩 × 建築藝術 × 哲學戲劇……

從神話起源到帝國興亡，全面解析羅馬文明的多元面貌與影響

|陳深名|
|林之滿|蕭楓|編著

**被母狼養育的偉大帝國──永恆之城！**

從傳說中的創世神話到成為地中海霸主，
深入探索古羅馬的千年史詩！

# 目錄

## 羅馬文明的肇始

拉丁人的傳說……………………………… 008

羅馬城的神祕起源………………………… 018

聖鵝傳奇…………………………………… 022

維納斯與羅馬的起源……………………… 028

## 多元共存的宗教文化

多神教的信仰世界………………………… 034

基督教的崛起……………………………… 037

## 傳奇故事

傲慢之王——小塔克文…………………… 044

格拉古兄弟的改革之路…………………… 047

馬略的軍事變革…………………………… 051

蘇拉的獨裁時代…………………………… 054

凱薩大帝與「三頭政治」的興衰………… 057

## 目錄

暴君尼祿的統治……………………………063
君士坦丁大帝與基督教的勝利……………065

### 戰爭篇章

第一次撤離運動的背景與影響……………068
第二次撤離運動的風雲……………………071
羅馬軍團的不可一世………………………073
維愛戰役：羅馬的擴張……………………077
布匿戰爭的血與火…………………………079
西西里奴隸大起義的烈火…………………086
斯巴達克斯起義：反抗的怒吼……………090

### 建築藝術的巔峰

千人大浴場：古羅馬的奢華………………098
地下「死城」——赫庫蘭尼姆……………101
瞬間凝固的龐貝古城………………………105
石頭之城——佩特拉的奇蹟………………114
永恆之城：羅馬的象徵……………………118
羅馬競技場的血腥與榮耀…………………121

潘提翁神殿：諸神的殿堂……………………125

凱旋門與紀功柱的輝煌…………………127

## 古羅馬文化的燦爛

文學的豐收………………………………130

戲劇的舞臺………………………………143

哲學的智慧之光…………………………148

史學的珍貴遺產…………………………156

教育的傳承與創新………………………166

天文的突破………………………………169

法律的奠基………………………………173

拉丁文字的傳世之作……………………181

科技的發展與成就………………………183

雕塑藝術的精湛技藝……………………194

醫學的進步………………………………196

家庭文化的生活縮影……………………198

婚禮的儀式………………………………201

服飾的文化………………………………204

精緻的飲食文化…………………………206

目錄

# 羅馬文明的肇始

## 羅馬文明的肇始

## ● 拉丁人的傳說 ●

據《荷馬史詩》記載：西元前 1184 年，阿加曼農（Agamemnon）率領的希臘聯軍運用「木馬計」，最終攻下小亞細亞城市特洛伊。艾尼亞斯背父攜子逃離特洛伊，按當時慣例，勝利者把這座曾經一度繁榮的城市夷為平地，特洛伊人慘遭屠殺。

羅馬人的歷史就從這裡展開了。傳說特洛伊城（Troy）被攻陷的那天晚上，希臘士兵像惡狼一樣在整座城中瘋狂砍殺，城內一片驚慌混亂，遍地都是鮮血和屍體。特洛伊將領艾尼亞斯（Aeneas）率軍奮力抵抗，然而，當他看見特洛伊國王普里阿摩斯（Priam）被殺時，立刻意識到這座城市就要毀滅了。於是，艾尼亞斯拉著兒子阿斯卡尼俄斯（Ascanius）的手，背上父親安喀塞斯（Anchises），悄悄逃離了這座熊熊燃燒的城市。艾尼亞斯的妻子克瑞烏薩（Creusa）原本也一起隨行，但不知怎麼在混亂中走失了。絕望的艾尼亞斯只好回去尋找妻子，他看見了克瑞烏薩的幻影，她叫他不要再找，於是他馬上逃走了。

他們來到特洛伊附近的伊達山，在那裡建了一支船隊，

準備進行一次航海。他們先來到色雷斯（Thrace），在那裡艾尼亞斯遇上了普里阿摩斯的兒子波呂多洛斯（Polydorus）的陰魂，波呂多洛斯叫他馬上離開。於是他們便前往提洛向阿波羅神祈禱。阿波羅神告訴艾尼亞斯，他將會找到他先祖誕生的地方。安喀塞斯告訴大家，這個地方一定是克里特島──那是特洛伊人的祖先透克羅斯（Teucer）的故鄉。

他們來到克里特島後，神向艾尼亞斯託了一個夢，告訴他那個地方實際上是指義大利，是他另一個先祖達達諾斯（Dardanus）的故鄉。特洛伊人的船隊又得到預言家赫勒諾斯（Helenus）的指點，建議艾尼亞斯前往西西里。在去西西里的路上，他們遇上了一對孿生怪物──斯庫拉（Scylla）和卡律布狄斯（Charybdis），這對怪物曾威脅過歸家的英雄奧德修斯（Odysseus）。然而，當他們到達西西里時，安喀塞斯在這艱險的航行中耗盡了最後一絲力氣之後死了。艾尼亞斯悲痛地將父親埋葬在厄里克斯（Eryx）附近的德雷帕農角（Drepanum）上，並建了一座紀念他不朽的母親維納斯（Venus）的神廟。

女神茱諾（Juno）得知艾尼亞斯要建立一個強大的神族，將來的某一天將摧毀位於北非的突尼西亞（Tunisia）海岸上的一座城市迦太基，而這座城市是她最喜愛的一座。當艾尼亞斯的船隊從西西里出發朝義大利出發時，她命令風神

## 羅馬文明的肇始

之王埃俄羅斯（Aeolus）放出全部風神，艾尼亞斯眼睜睜地看著他的船隊在颶風中沉入大海。

倖存者被海浪沖到迦太基，女王狄朵（Dido）熱情歡迎他們的到來，並為他們舉辦了大型的晚宴。宴會後艾尼亞斯向女王述說了他的冒險經歷，從木馬計到特洛伊的毀滅，以及之後的飄泊生活。維納斯想幫助艾尼亞斯，於是派邱比特（Cupid）使狄朵愛上他。愛情魔法應驗了，狄朵痴迷地傾聽艾尼亞斯的敘述，這時她感覺自己的血液沸騰了，愛情之火燃燒著她的心。

這一切自然逃不過眾神之母茱諾的眼睛。她感到時機已到，決定把艾尼亞斯騙離該去落腳的義大利。第二天，狄朵和艾尼亞斯在林間打獵時，茱諾降了一場暴風雨。情急中，女王和艾尼亞斯找到了一個岩洞，藉以躲避愈加凶猛的風暴。在洞裡，他們終於抑制不住強壓在心底的激情，完成了靈與肉的完美結合。然而，朱比特（Jupiter）派來了信使墨丘利（Mercury），提醒艾尼亞斯他的偉大目標，告訴他狄朵之死，必須馬上離開迦太基。

艾尼亞斯不知道如何把這個消息告訴狄朵。狄朵一聽說他正在準備離開時，氣得簡直要瘋了。她罵艾尼亞斯是叛徒，並發誓無論他走到哪裡都要放一條惡犬追捕他。艾尼亞斯強忍住巨大的悲痛，終於決定踏上去往義大利的征程。

悲痛欲絕的女王叫來她的妹妹安娜（Anna），她請求妹妹為她弄來一大堆柴，把那些引起她回憶的艾尼亞斯所有的物品都燒掉，包括他留下的那把利劍。與此同時，神的信使墨丘利託夢給艾尼亞斯，叫他在天明以前離開迦太基。黎明時分，狄朵親眼看見艾尼亞斯的船隊緩緩起航，她不停地咒罵，詛咒他們將有一個多災多難的航程，並希望將來他的子孫會敗在迦太基人手下。然後，她從劍鞘中抽出利劍，爬上高高的柴堆，將劍刺向自己的喉嚨，一下便撲倒在柴堆上層用英雄的衣衫和被褥鋪成的床上。她的身體很快就被燒成灰燼。遠遠地航行在海上的艾尼亞斯船隊，看見了迦太基冒出的濃煙，卻絲毫不知道那裡發生的可怕的一切。

特洛伊人又一次來到西西里島，他們在那裡停下來為艾尼亞斯的父親安喀塞斯舉行了殯葬儀式。在這裡茱諾鼓動特洛伊人將他們的船隻和暫居之地燒毀，後來在這裡建造了塞傑斯塔城（Egesta）。然而女神又不允許這些流浪者留居於此。他們航行至那不勒斯（Naples）附近的庫邁城（Cumae），在那裡，艾尼亞斯遇上了一個占卜者，占卜者警告艾尼亞斯前面的路途很艱險，而且義大利正在進行一場惡戰。艾尼亞斯乞求她允許自己拜訪冥府，他想再看一眼生前親愛的父親。占卜者告訴他：要去冥府容易，但回來卻很艱難。最終她同意護送他前往，但必須找一枝神聖的美洲寄生

子屬植物的枝條方可安全通行。

臨近黃昏,他們穿過忽明忽暗的通道向冥府走去。他們先來到冥河(Styx)岸,船伕卡隆(Charon)正吃力地把死者的陰魂運到河對岸,於是他們便請求卡隆幫忙。卡隆同意了,儘管他們活人的身體站在船上可能會導致船下沉。

一登陸,他們首先經過一群兒童陰魂,然後來到自殺的亡魂的身邊。再過去,看見一群殉情者的陰魂,狄朵便是其中的一個。艾尼亞斯竭力對她說,他愛她,然而卻只能違心地離開她去追逐自己注定的命運,但狄朵默默地走開了。占卜者把艾尼亞斯帶至戰爭英雄的陰魂區,他見到許多朋友並和他們說話,然後他們經過一條火河,那裡圍困著一群遭受永生懲罰的陰魂。

他們終於來到那塊受到神的保佑的陰魂生活的綠地。那裡陽光明媚,空氣清新。艾尼亞斯的父親一看見兒子來了,高興得流下了眼淚。看著老淚縱橫的父親,艾尼亞斯張開雙臂試圖擁抱他,然而他的雙臂穿過父親陰魂的身體,什麼也沒有觸碰到。安喀塞斯向兒子解釋了死亡、洗罪和再生的祕密,並告訴他將有一群人要誕生。這些人便是艾尼亞斯的子孫,他們終將有一天會為羅馬帶來無限榮光。父親還告訴他,他將會和一個名叫拉維尼亞(Lavinia)的義大利公主締結姻緣。艾尼亞斯吃驚地看著父親。然後他父親帶著他們倆

走到通往陽世的大門口。

艾尼亞斯回來後召集所有船員,向拉丁姆(latium)地區駛去。拉丁姆國王拉丁努斯(Latinus)最近做了個奇怪的夢。他夢見自己的女兒拉維尼亞將要嫁給一個陌生男子,而且他們的國家會成為一個偉大的國度。但拉丁努斯已經把女兒許給了當地盧圖利部落(Rutulian)的君王圖努斯(Turnus)。然而當他接到艾尼亞斯捎來的信時,便想起了夢中的情景,於是就把公主許給了他。茱諾仍然念念不忘要讓特洛伊人遭殃,決定去唆使圖努斯。與此同時,茱諾在拉丁姆人與特洛伊人之間挑起了一場爭端,導致其中兩名拉丁姆人被殺。於是當地所有的部落以及拉丁姆人在圖努斯的領導下聯合起來,驅逐所有的特洛伊闖入者。

拉丁姆軍隊來到了臺伯(Tiber)河岸,艾尼亞斯看著如此龐大的軍隊馬上慌了,因為特洛伊人的人數實在太少了。然而河神託夢給艾尼亞斯,建議他去拜訪不遠處的阿卡迪亞(Arcadia)國王埃邁德爾(Evander),並和他們結成聯盟。後來,埃邁德爾同意援助艾尼亞斯並且邀請坎特魯斯坎加入聯盟。為了表示誠意,國王還派自己的兒子帕拉斯與艾尼亞斯同行。

為了使艾尼亞斯贏得勝利,艾尼亞斯的母親維納斯在一聲驚雷中從天而降,為她的兒子送來一塊華美而又堅固的盾

## 羅馬文明的肇始

牌。這塊盾牌是火神伏爾甘（Vulcan）應妻子維納斯的請求打造的。她告訴兒子，這塊盾牌將使他征戰沙場而百戰不敗。然而茱諾對艾尼亞斯的怒火還沒消除，她傳達命令，要圖努斯乘虛襲擊特洛伊人的營地，圖努斯立即聽命，照計行事。於是戰爭開始了。

艾尼亞斯帶著阿卡迪亞援軍回來了，戰鬥還在繼續進行，然而悲哀的事情發生了，圖努斯殺死了埃邁德爾的兒子帕拉斯，並從他屍體上抽下腰帶作為戰利品。艾尼亞斯沒有和拉丁努斯爭吵，而後者則對他熱情款待，還要把自己的女兒嫁給她，而且建議，希望他能停止這場血戰，讓他和圖努斯單獨決鬥。最終圖努斯同意決鬥，儘管王后阿瑪塔（Amata）在一旁極力勸阻。王后很喜歡圖努斯，直到如今仍然想讓他成為拉維尼亞的丈夫。

茱諾決定不惜一切徹底毀滅特洛伊人。她警告圖努斯的妹妹朱特娜（Juturna），她的哥哥將會在與艾尼亞斯決鬥中死去；如果要救他，就必須想辦法停止這場決鬥。於是，朱特娜化裝成一個拉丁姆士兵，喚醒盧圖利人，帶著他們衝進了戰場。

艾尼亞斯正準備召集他的隨從回去，忽然他的背部中了一箭。圖努斯看見艾尼亞斯中了一箭，頓時欣喜萬分，立即跳下戰車，殺了許多特洛伊人。戰爭眼看又迫近了，這時艾

尼亞斯的醫生絕望地把射在他身上的箭拔出，但維納斯立即用魔法把草藥敷在了他的傷口上。艾尼亞斯頓時恢復了元氣，帶領著軍隊生龍活虎地衝入戰場。在遠遠一角的朱特娜看著他，想起了茱諾的警告。朱特娜迅速把駕駛戰車的人推開，抓起韁繩駕駛圖努斯的戰車在戰場上狂奔以躲開艾尼亞斯。但這一切都是徒勞的，艾尼亞斯在靜靜地等待著這場決鬥。

站在城牆上觀戰的阿瑪塔，一心希望圖努斯能勝利，如果她喜愛的英雄圖努斯被殺，那麼她也將絕望地結束自己的性命。這時，圖努斯意識到是自己的妹妹在搗亂，這尤其使他恐懼。最終，他沒能躲過艾尼亞斯，兩人最後面對面站在了一起。

命運會決定一切的，因為諸神也意識到一切都將見分曉了。朱比特拿出了一桿秤子，秤他們倆的命運。他召集諸神開了一次會議，包括茱諾在內，他要諸神再也不要干涉這件事了。

剛開始圖努斯的箭射中了艾尼亞斯，但箭很快就折成了兩截。他知道，命運要與他作對了。他像在夢中一樣試圖逃走，然而雙腿卻不聽使喚。他只是徒勞地往戰車四周看了看。

就在圖努斯猶疑的關頭，艾尼亞斯使盡全身的力氣將長

## 羅馬文明的肇始

矛刺向圖努斯。頓時像捲起了一場疾風暴雨，直刺得圖努斯的盔甲鏗鏘響，長矛最後刺在他的大腿上。這位強壯的武士的雙膝頓時彎了下來，嘴裡發出一聲絕望的狂叫，這聲音久久地在山谷中迴盪。終於，圖努斯把手伸向艾尼亞斯，接受了艾尼亞斯贏得了娶拉維尼亞的權力的事實。他說他們之間的仇恨現在應該結束了，並請求艾尼亞斯將他的屍體還給他父親。艾尼亞斯猶豫片刻，但他忽然想起了自己的父親，於是被圖努斯的話感動了。他幾乎要放棄結束眼前這位敵人性命的想法。這時他的目光落在年輕的帕拉斯那條腰帶的飾釘上，這激起他心頭所有的仇恨和怒火，他把長矛憤然地刺向圖努斯的胸口。圖努斯的四肢霎時癱軟下來，隨著一聲可怕的哀嚎，他慢慢地走向了另外一個世界。

從此，艾尼亞斯就和族人們在拉丁姆地區定居下來。後來，艾尼亞斯的兒子在臺伯河附近建立了阿爾巴隆加城。從此，這些特洛伊城的倖存者終於重建了家園，安居樂業。傳說他們就是羅馬人的祖先。

最初，艾尼亞斯在這裡建立了一座城市，並根據妻子的名字取名為拉丁尼姆。此後，特洛伊人和當地土著居民進一步通婚，兩方的法律、宗教等都結合起來。艾尼亞斯決定將自己的人和拉丁努斯的人一起都以拉丁努斯國王之名為名，稱為拉丁人。

此後，特洛伊人和阿布奧瑞金人都遭到了近鄰部落路圖里人的侵襲。為了保衛自己的生存空間，雙方決定聯合作戰。在戰鬥中，拉丁努斯和艾尼亞斯雙雙陣亡，王位由艾尼亞斯的兒子阿斯卡尼俄斯繼承。他即位後，決定離開拉丁尼姆，重新建立了阿爾巴隆加城。

阿爾巴隆加的拉丁人幾代之後又建立了一些殖民地，都稱為古拉丁人。傳說拉丁人共建有 30 個城市，散布在拉丁平原的北半部。他們共尊阿爾巴隆加為首府，有共同的宗教節日，共尊艾尼亞斯和拉丁努斯為祖先。這就是關於拉丁平原上的拉丁人起源的傳說。

## 羅馬文明的肇始

### ● 羅馬城的神祕起源 ●

　　關於羅馬城的起源傳說有許多不同的神話，其中被母狼所乳養的羅穆盧斯（Romulus）和瑞摩斯（Remus）兩兄弟的故事在古代就為人所熟知。艾尼亞斯的後代在拉丁人的首府阿爾巴隆加傳了15代，到努米特和阿穆利烏斯兄弟時，阿穆利烏斯用陰謀手段篡奪了王位，排擠了長兄努米特，殺害了努米特的兒子，並將他的女兒希爾維亞送去做維斯塔貞女祭司，使她不能結婚，以免有後代爭奪王位。但希爾維亞卻懷孕生了一對雙生子，傳說是戰神馬爾斯和她結合所生的兒子。阿穆利烏斯聽到這個消息後極為害怕，下令處死希爾維亞，並命人將這對攣生兄弟丟到臺伯河中淹死。說來也巧，臺伯河水將盛著嬰兒的籃子沖到荒涼的河岸並擱淺在岸邊的一棵無花果樹旁。嬰兒的哭叫聲引來了一隻母狼，母狼不但沒有傷害他們，而且用自己的乳汁餵養了他們。

　　過了一些時候，一位名叫富斯圖魯斯的牧人發現了這對雙生子，便將他們帶回家中撫養，並且為他們取了名字，一個叫羅穆盧斯，一個叫瑞摩斯。牧人從他們的情況已經明白他們就是希爾維亞的雙生子，但沒有向他們說明。羅穆盧斯

兄弟就這樣在牧人家中長大成人，過著粗獷的牧人生活，住在用茅草和樹枝搭造的小茅屋裡。

日子一天天過去，長大成人後的羅穆盧斯兄弟從富爾圖魯斯那裡得知了自己的身世，於是他們設計殺死了阿穆利烏斯，將阿爾巴隆加的王位交還給他們的外祖父努米特。但他們自己卻不願意住在阿爾巴隆加，決定在他們被牧人發現的地方建立一座新城。在建城過程中，兄弟倆發生了爭吵。因為他們是雙胞胎，兩人對誰為長為尊，新城以誰的名字命名和由誰來統治爭執不下，最後雙方同意由這裡的保護神來決定，至於神意如何則透過占卜來測知。羅穆盧斯以帕拉丁山為自己的占卜地，瑞摩斯則以阿芬丁山為自己的占卜地。

據說，瑞摩斯首先從6隻禿鷲的飛翔中得到了預兆。當他派人把這一預兆通報給羅穆盧斯時，羅穆盧斯正看見12隻禿鷲在飛翔。因此，兩人都被自己的擁戴者尊為國王。一方聲稱先見預兆者應為王，另一方堅持以禿鷲數目的多少確定國王。於是雙方爆發了一場舌戰，進而引發了暴力衝突。最後羅穆盧斯殺死弟弟瑞摩斯，獨自稱王。他把雪白的公牛和母牛套在犁上，驅使著牠們耕出一道深深的犁溝來作為城市的邊界，並以自己的名字命名該城為「羅馬」。

這一關於古代羅馬起源的傳說，是真有其事，還是後來的羅馬人僅為了解釋國家的起源而編造出來的，一直到現在

## 羅馬文明的肇始

　　人們仍無法說清。也許是因為羅馬剛建立時十分弱小，古羅馬人只有依靠戰爭才能得以生存，所以他們才崇敬戰神馬爾斯，也才把受戰神驅使的母狼當作國家的象徵和標記。

　　實際上，據史料證實，羅馬人其實是古代拉丁人中的一支。這些拉丁人在西元前2000年左右來到義大利，居住在義大利半島中部海岸的拉丁姆地區。到西元前8世紀初時，部分拉丁人遷移到了臺伯河下游的南岸地區，以帕拉丁山為中心建立了一些小的村落。日後的羅馬就是由這些原始村落發展起來的。但有關羅馬城建城與母狼的神話傳說在民間的流傳卻一直經久不衰。羅馬人不僅推算出了羅穆盧斯建城的確切時間，即西元前753年4月21日，並且在每年的這個日子還都要舉行母狼紀念活動。他們精製了一個飼養著一隻母狼的永久性獸籠，把它置放在市政廳的前面，並且將母狼的形象鐫刻在了羅馬的城徽上。

　　一直被供奉在卡比托林大神廟中的「卡比托林母狼」青銅雕像，現珍藏在維拉奎尼亞博物館，更是被羅馬人民視為聖物。羅馬帝國滅亡後，卡比托林大神廟及其各類神像都蕩然無存，但這尊母狼青銅雕像卻因其哺乳之恩，仍被羅馬人敬慕而倖存了下來。現在今天所見到的這尊青銅像，在肚腹下有兩個吮吸乳汁的嬰兒，這是文藝復興時期佛羅倫斯藝術家波那尤奧略所補的雕作，這顯然是為了使母狼哺育羅穆盧

斯兄弟的故事表現得更為完整。

　　從青銅冶煉技術和形象的裝飾風格看,「卡比托林母狼」青銅雕像的製作年代,大約在西元前 500 年或西元前 6 世紀,距卡比托林神廟修建時間不遠。相傳它的製作者是一位伊達拉里亞匠師。母狼的軀幹四肢精瘦有力,兩個乳房鼓脹,暗示著它與哺乳傳說的關係。母狼兩耳豎起,嘴唇微張,半露牙尖,眼睛圓睜,眼神靈活而深邃,腳爪緊扣地面,兩肢筋骨突露,它的沉著、堅定、警惕、頑強,帶有更多人的靈性,因而成為羅馬共和國初年奮力自強的民族精神的寫照。

羅馬文明的肇始

## ● 聖鵝傳奇 ●

在羅馬，這是一個由真實的歷史事件和神話傳說相結合的故事。羅馬每年有這樣一個習慣，即每年的 7 月 18 日國恥日這天，羅馬人都要莊嚴地抬著裝飾豪華的大白鵝和釘死在十字架上的狗走上卡比托林山的神廟，繞山遊行一番。街上的人們見到頸上戴著裝飾華麗的項圈、披掛著綵帶的白鵝，都要向牠歡呼表示敬意。為什麼白鵝在羅馬這麼受到關注呢？

這要從古羅馬歷史上的一場戰爭說起。從西元前 6 世紀起，生活在阿爾卑斯山以北的高盧人開始南移。這是一個尚武的民族，他們身矮體壯，英勇善戰，武器主要是長矛和劍，還配有騎兵和戰車部隊。在戰鬥中，高盧人通常先用戰車衝亂對方陣營，然後騎兵和步兵蜂擁而上，瘋狂砍殺。有的士兵喜歡脫光衣服，赤膊上陣；有的士兵甚至一邊廝殺，一邊津津有味地咀嚼敵人的斷肢！他們還有一個可怕的習俗，就是把敵人的頭顱砍下來，掛在馬脖子上，戰後用油泡乾，請客時向客人炫耀。高盧人是個勇敢的部落，英勇頑強，他們受傷後，只要還有一口氣都不離開隊伍。

西元前 4 世紀末，羅馬已是一個勢力強大的國家了，它周圍的許多部落都臣服它。但西北部的高盧人卻不承認羅馬的統治，而且不斷南侵，準備進攻羅馬。相傳在西元前 391 年，高盧人突然大舉入侵伊達拉里亞。

這一次他們向克魯新城進攻了。克魯城離羅馬僅有兩百公里，守城的將士見高盧人氣勢洶洶、銳不可擋的樣子，嚇得趕緊向羅馬元老院求助。

羅馬元老院經過緊急會議決定派三個使節去見高盧人的首領高林，勸他立即退兵。不料高林傲慢無禮，對使節揚言：「別為別人操心了，再有一百天，我們就攻進你們的羅馬城了。快滾吧，羅馬人！」

三個外交使節覺得受了極大的羞辱，他們違反外交慣例，立即趕往克魯新城，幫那裡的將士出謀獻策。其中一位使節是弓箭手，他的箭術高強，居然一箭射死了一個來探聽消息的高盧人的酋長。

高林得知消息後，肺都氣炸了。他立即挑選幾個身體壯實的高盧人做使節，去羅馬向元老院抗議，要求把羅馬派出的三個使節交給他們懲治。羅馬元老院當即拒絕，而且把那三位使節選為羅馬軍事保民官。這是一種人身不受侵犯的特殊官職，權力極大，甚至可以否決元老院的決議。

高林聽到這一消息後，咆哮如雷，像一頭發瘋的獅子。

## 羅馬文明的肇始

他親自率領七萬大軍，直接向羅馬發動進攻。

高盧人英勇驍戰，進軍神速，以迅雷不及掩耳之勢，一直打到離羅馬城不遠的阿里河。在這裡，高盧人和迎擊的羅馬大軍展開了血戰。

高盧人全部光著頭，他們猛烈衝鋒，至死不離開部隊。他們揮著長矛、板斧，狂亂地揮舞著，砍下羅馬士兵的手臂，居然津津有味地啃著。羅馬軍隊從未見過高盧人的作戰方式，他們很快就被高盧人壓到河裡，很多人被激流吞沒了。一部分羅馬士兵狼狽逃回城裡，慌亂中，連城門也忘了關閉。羅馬軍隊是個驕傲的軍隊，在此之前從未遇過這樣的慘敗。這一天是西元前390年7月18日。後來羅馬人把這一天定為羅馬的國恥日。

羅馬軍隊潰退到城內。執政官馬克曼里把一部分居民轉移到城外去，一部分軍隊和年輕的元老決定撤到城後的卡比託林山崗上，等待援兵。卡比託林山崗是羅馬城內最高的山，陡峭險峻，懸崖絕壁，易守難攻。

大約有一百多位年長的元老，他們不願到山上避難，他們身穿華麗的節日盛裝，來到羅馬的中心廣場，準備和羅馬城共存亡。

羅馬的城門未關，高盧人以為是羅馬人設下的圈套，第一天不敢輕舉妄動。探子偵察後報告高林說城裡城外毫無動

靜。高林終於縱身上馬，衝進羅馬。

羅馬城空曠無人，家家關門閉戶，只有幾隻鴿子在街上啄食。高林大隊人馬衝到中心廣場。只見在寬闊的廣場上，上百位衣著華麗的老人手持聖杖，在象牙圈椅子上巋然不動，像一尊尊雕像。高林走到他們面前，他們毫無動靜，既不站起來，也不改變臉色。高盧人以為他們是雕塑。一個高盧人俏皮地拉了拉一位元老的花白鬍子，這位元老憤怒地用聖杖打了他的頭。這時，高盧人才知道他們是活的，於是用亂劍將長老們殺死。頓時，血流遍地，廣場被染得通紅。高盧人開始搶劫放火，在短短的幾天裡，羅馬城成了一片廢墟。高盧人到處尋找羅馬的軍隊和百姓，但是連影子都看不見。一個探子告訴高林，他們在卡比託林山崗。高林率領軍隊如狂風一般撲向山崗，但高盧人的多次進攻都失敗了。高林決定改變策略，實行長期圍困，用飢餓、缺水來逼羅馬人投降。

執政官馬克曼里住在山頂的指揮所裡，他幾天幾夜都沒闔眼。他在想怎樣和城外的援兵聯繫，派誰去合適呢？一名叫波恩的勇敢的年輕人接受了這個任務，他在夜色的掩護下，在懸崖峭壁中冒著生命危險拽著蔓藤往下爬。但不幸的是，他的腳剛落地，就被高盧人的利劍奪走了生命。

高林為此高興異常。因為他從波恩下山的路線中發現一

## 羅馬文明的肇始

條上山的通道。當晚,高林挑選幾十個最敏捷、最勇敢的高盧人,準備爬上懸崖,一舉攻下山崗。

深夜,寂靜無聲,高盧人悄悄地往上攀登。山崗上靜極了,不僅士兵,連山上的狗都沒有發現高盧人的陰謀。高盧人眼看就要上山頂了,突然,「嘎、嘎——」的鵝叫聲刺破萬籟俱寂的夜空。

執政官曼里在睡夢中驚醒,他馬上意識到什麼,立即操劍衝向懸崖,用盾牌將第一個上山的黑影推向懸崖,又揮劍刺中第二個高盧人的胸膛。倒下去的高盧人墜落時又砸倒幾個人。如此贏得了時間,羅馬士兵紛紛趕來,他們一鼓作氣,用石塊、長矛、投槍,把高盧人打下懸崖。山崗得救了,羅馬人得救了。

山崗上的白鵝是哪來的?原來,這是羅馬人奉獻給山上茱諾神廟的鵝群。山崗上雖然食物稀少,但大家還是你省一口我省一口地用口糧餵牠們,但也不能餵飽牠們。這些飢餓的白鵝很不安靜,特別容易受驚。牠們最早聽到高盧人上山的動靜,因此就驚叫起來,並拍打著翅膀,發出警報。牠們的叫聲拯救了山崗上的羅馬人。黎明時,曼里將戰士們召集起來,向大家敘說白鵝的功勳。大家紛紛把糧食拿出來獎賞白鵝。

高盧人對卡比託林山崗的圍困持續長達七個月,但堅強

的羅馬人頂住缺水缺糧的折磨,誓死不投降,堅守陣地。高盧人是習慣於密林生活的民族,他們占領了羅馬七個月,始終未能攻下卡比託林山,終於感到厭倦了,最後自己打了退堂鼓,他們要求和羅馬人談判。最後高盧人帶著一千磅黃金的贖金,撤離了羅馬,留給羅馬人的是一片斷壁殘垣和腐屍白骨。羅馬人和高盧人的戰爭終於結束了。

第二天黎明,羅馬軍隊當眾授獎。先給馬克曼里一個光榮稱號,稱他為「卡比託林的曼里」;後發獎品,讓每個士兵將自己一天所得的口糧和酒贈送給他。發獎完畢,又將失職的哨兵隊長判處死刑,將他從懸崖上扔下去,而同樣失職的巡夜狗也被釘死在十字架上。

從此,「白鵝拯救羅馬」的故事家喻戶曉,並成為羅馬人的諺語。羅馬人為警誡後世,則將 7 月 18 日定為羅馬的「國恥日」,而白鵝也就成了羅馬人的「聖鵝」。

## 羅馬文明的肇始

# 維納斯與羅馬的起源

### 1. 維納斯的誕生

根據古希臘傳說,美神維納斯誕生於泡沫之中。據說克洛諾斯將他父親閹割後,隨手將切下的陽具丟入海洋,由於它是神體的一部分,所以不會腐爛,仍具有生命力並在海上漂浮著,並變成許多白色的泡沫。當這些泡沫到達塞普勒斯海岸時,就孕育出曠世美女維納斯。

### 2. 維納斯與阿多尼斯(Adonis)的傳說

相傳阿多尼斯是庫普羅斯國王的兒子,任何一個凡人都沒有他那麼漂亮,他甚至比奧林匹斯山諸神還要漂亮。維納斯深深地愛上了他,因而引起了他的情人戰神馬爾斯的嫉妒。於是,馬爾斯化身為野豬,撞死了阿多尼斯,以洩心頭之恨。

### 3. 維納斯與戰神馬爾斯的傳說

據說維納斯是戰神馬爾斯最鍾愛的情婦。她不甘心嫁給相貌醜陋又跛足的火神伏爾甘,遂與馬爾斯私通。一天晚

上,這對情人在宮殿裡睡得太沉了,被太陽神阿波羅發現後向伏爾甘告發了此事。伏爾甘氣呼呼地回到鍛爐旁,用青銅錘打出一張細如遊絲而又堅固難摧的捕獵用羅網,將它繫在結婚大床的柱子和四周。當馬爾斯和維納斯同床共枕時,被網纏住,無法脫身。諸神都知道了這件事,最後在海神保證他們今後不再私通後,伏爾甘才將兩人從羅網裡釋放。

## 4.「太祖奶奶」維納斯

「維納斯」是美的化身,這個名字在當今世界已是家喻戶曉。她是美神與愛神的象徵,世界各地充斥著她年輕美麗的複製品。然而在 2,000 年前的羅馬帝國,古羅馬人卻將其尊為「太祖奶奶」。

這和凱薩有關。

凱薩執政後,為了抬高自己的身分,宣稱自己是神的後裔。於是西元前 68 年,他在姑母的葬禮上說:「我姑母朱莉婭的家族從父系方面說,乃是不朽的神的後代,我們朱利烏斯家族可以上溯到維納斯。」

為什麼凱薩會這樣講呢?他是根據什麼來判定羅馬人與維納斯之間的傳承關係呢?隨後凱薩大帝被刺身亡,人們根本無從知曉他是根據什麼講這番話的。

後來,奧古斯都時代的著名詩人維吉爾(Virgil),在其

長篇史詩《艾尼亞斯紀》中，藝術地解釋了凱薩與維納斯的承襲關係。

在希臘史詩中，有這樣一個記載：特洛伊城守軍與希臘聯軍大戰十年，雙方都湧現了許多英雄豪傑，特洛伊王子艾尼亞斯更在其中有突出地位。因為他是美神維納斯的親生兒子，特洛伊城破後，只有艾尼亞斯得以背負老父攜帶妻兒出逃……

維吉爾在他的長詩中，續寫了上面的故事：

艾尼亞斯逃出後，幾經風險才渡海到達義大利，可是這時他的父親、妻子皆已亡故，他便娶義大利王拉丁努斯之女拉維尼亞為妻，並建立了拉維尼亞城——這便是拉丁族的起源。艾尼亞斯死後，其子阿斯卡尼俄斯在拉丁姆建立阿爾巴隆加城，開啟了羅馬人所屬拉丁支系的嫡派，而朱利烏斯在之後又是羅馬最重要的一個氏族的名字（凱薩即出自此族）。阿爾巴隆加王位歷經數代傳至努米特，努米特的女兒是西爾維亞，正是她生下羅穆盧斯——羅馬的開國始祖。

於是，透過維納斯——艾尼亞斯——羅穆盧斯這條線，羅馬人不僅和希臘人攀上了親戚，還成為希臘天神的後裔。

當然，這僅是個美麗動人的傳說，它是詩人維吉爾根據

民間傳說藝術加工的結果。但是，由於它滿足了當時廣大羅馬人的「尋根」願望，所以立即得到羅馬朝野的認同。於是，維納斯在羅馬人的心目中既是保佑世人的天神，也成了拉丁民族的「太祖奶奶」。

## 羅馬文明的肇始

# 多元共存的宗教文化

## 多元共存的宗教文化

### 多神教的信仰世界

羅馬的原始宗教是多神教，承載著萬物有靈的原始信仰。羅馬人信奉的神祇多模仿希臘，如希臘的天神宙斯（Zeus）和天后赫拉（Hera）被附會為朱比特和茱諾，雅典娜（Athena）被附會為米娜瓦（Minerva）。後來由於和東方國家不斷地接觸，羅馬還出現了對東方一些國家神祇的崇拜。然而，羅馬人通常最信奉的卻是戰神馬爾斯和灶神維斯塔（Vesta）。馬爾斯是決定戰爭勝負的神，維斯塔是保護家庭和國家的神靈。

此外，羅馬還長期盛行對祖先的崇拜，相信死者的亡靈是家庭和氏族的守護神。為了祭祀神靈，羅馬人建造了大量的神廟殿堂，制定節慶儀規，供養祭司團體。每逢發生重大事件，羅馬人都要求神問卜，由占卜師透過觀察空中飛鳥和雷電現象或動物內臟等來預測吉凶。

儘管羅馬諸神由於模仿希臘神明的形象而在外貌上已經變得優雅而健美，但是在內涵或性情方面，兩者卻有著天壤之別。希臘那些具有無限豐富內涵和令人陶醉風韻的神明一到羅馬人手裡，就失去了「自由的狂想」色彩，而摻入了赤

裸裸的功利成分。

將希臘宗教與羅馬宗教的精神特徵作一個對比，無疑是一件頗有意義的事。

在基本格調上，希臘宗教是審美的，羅馬宗教是功利的。希臘人總是使他們的神明充滿了人的情趣和慾望，充滿了人的優點和弱點，一言以蔽之，充滿了人情味和感性化的色彩。酒神巴克斯（Bacchus）與人混雜在一起，享受人間煙火，並且經常為人類製造麻煩。他們過著榮華富貴和悠然自得的生活，同時又像孩子一樣彼此爭吵不休，他們更多地表現出一種政治性和目的性的傾向。羅馬人並不因為美而敬仰神明，僅僅只是因為有用才崇拜神明。羅馬人從來不讓他們的神明們相互爭吵，而是讓他們團結起來共同保護羅馬人的利益和對付羅馬的敵人。羅馬人的神也從來不與人類打成一片，他們是高高在上的和令人敬畏的，只有祭司團才能與他們交往，這樣就使祭司團成為一個特殊而重要的社會階層。在希臘，宗教生活與文藝生活是融為一體的。表演以及其他各種文藝體育活動同時也是盛大的宗教集會，宗教生活寓於世俗性的娛樂活動之中。每逢宗教節慶日，人們身著盛裝，載歌載舞，懷著愉快的心情謳歌神明，並且盡情地展現人類自身的美。然而在羅馬，宗教生活與文藝生活是完全隔絕的，它倒是更緊密地與政治生活連繫在一起。宗教的功能不

在於增進人們對於生活的熱愛，而在於維護現實的政治秩序和加強法律的威嚴。就這一點而言，羅馬的宗教可以說是開創了宗教的政治功能，使宗教由一種理想性的憧憬變成了一種現實性的束縛，由自由心靈的一種天真爛漫的狂想變成了維護現實社會關係的一道堅固屏障。希臘人熱愛神，羅馬人服從神。

希臘宗教促進了人們精神自由的審美品味，羅馬宗教則維護了社會秩序和道德風尚。希臘人在宗教態度上是虔誠的，他們對神諭確信無疑；羅馬人在宗教態度上卻是勢利的，他們藉助於神明的名義來進行現實的懲罰。羅馬宗教更多的是充滿了一種冷漠的理智精神。

# 基督教的崛起

　　早期基督教最初產生於羅馬帝國統治下的巴勒斯坦地區，是猶太人民反抗羅馬統治的群眾運動的產物。後來，逐漸傳播到希臘、埃及、義大利和高盧等地，成為整個羅馬帝國的新宗教。從西元前 2 世紀起，羅馬已經成為地中海世界的霸主。在共和末期和帝國初期，由於羅馬的殘暴統治和壓迫激起了帝國範圍內的奴隸、平民和被征服居民的不斷起義和反抗。但是所有這些起義，包括聲勢浩大的斯巴達克斯起義，都遭到鎮壓而失敗。特別是在西元 66～70 年爆發的猶太人反對羅馬的戰爭遭到了極其殘酷的鎮壓。被俘的大批猶太起義者被釘死在十字架上，以致「沒有地方再立十字架，沒有十字架再釘人」。擁有 60 萬居民的耶路撒冷，大部分居民英勇犧牲，活著的猶太居民被賣為奴隸者達 7 萬人之多。在反抗羅馬人的戰鬥中，猶太人已經形成了撒都該派、法利賽派、熱烈派和艾賽尼派等宗教派別。根據現代學者的研究，基本上可以判斷早期基督教最初就是從艾賽尼派中分化出來的一個小派，稱為拿撒勒派。

　　隨著專制主義統治的加強和帝國危機的醞釀，越來越多

## 多元共存的宗教文化

的人，甚至貴族官僚也要求從宗教中尋求解脫。此時參加集會的信徒，既有貧窮的下層居民，也有奴隸主貴族、富有的工商業者和軍官等。《雅各書》在描寫當時信徒集會時曾經這樣寫道：富有者「戴著金戒指，穿著華美的衣服」走進教堂，被教會執事「請坐在好位上」。貧窮的使徒「穿著骯髒的衣服」甚至「赤身露體」地走進去，卻被教會執事吩咐道：「你站在那裡，或坐在我腳凳下邊。」富人們加入教會，改變了早期基督教的社會成分，從而使基督教的思想和組織也隨之改變。一方面，他們向教會廣施資財；另一方面他們又有極好的文化教養，這就使他們在教會內的影響日增，並逐步取得領導地位。富有者獲得教會領導權之後，就開始形成以主教為中心的階級分明的等級制度以及一整套的教規禮儀。大約在西元2世紀中葉，各地方的基督教會就逐漸由主教領導。而主教制的建立則象徵著基督教會已經掌握在富有者手中，這就導致基督教教義發生了明顯的變化，先前僅有的革命戰鬥性此時已經逐漸消失，並出現了許多不健康的主張。此時的基督教不僅不再敵視當時的社會制度，不憎恨羅馬帝國的統治者，相反卻教訓被壓迫被剝削的人民群眾服從他們，向他們納稅，要人民放棄反抗羅馬帝國的抗爭，服從羅馬帝國的統治。《馬太福音》就勸告人們「不要與惡人作對。有人打你的右臉，連左臉也轉過來由他打。有人想要告你，

要拿你的裡衣，連外衣也由他拿去」。這樣一來，基督教就用宗教的鎖鏈將人們的心靈牢牢地禁錮起來，腐蝕人們的鬥志和反抗精神，使之聽天由命，屈從忍讓。

西元 1 世紀基督教興起之初，羅馬帝國還以為它是猶太教的一支，因此並未過多地干涉基督教的活動。但是後來，隨著基督教徒人數的增長，羅馬政府開始擔心基督教徒會成為帝國的顛覆者，擔心他們的傳教會使人們對羅馬的忠誠轉向上帝，擔心它會成為與帝國格格不入的、以自我為中心的教派。這時，在許多羅馬人的眼中，基督教成為社會秩序的大敵。基督徒拒絕接受羅馬所信奉的神明，不從事羅馬的祭典，不願將死去的羅馬皇帝敬為神明，卻將被釘死在十字架上的耶穌作為救世主，並經常舉行祕密集會，這就必然導致羅馬統治階級的不滿。而基督教所宣揚的天國學說，號召人們信奉上帝和耶穌基督，這就否定了現實的帝國，這當然是大逆不道的，理所當然地遭到了羅馬統治階級的殘酷迫害和鎮壓。早在克勞狄皇帝（Claudius）統治時期（西元 41～54 年），基督教徒就曾經被驅逐出羅馬城。西元 64 年羅馬大火之後，尼祿（Nero）成為了「第一個對基督徒進行大迫害的人」。西元 2 世紀初期，當時被任命為行省總督的小普林尼（Plinius）曾就如何對待基督教徒的問題向圖拉真大帝（Trajan）請示過。圖拉真明確答覆：「當他們被告發並被找到罪

## 多元共存的宗教文化

證，他們就必須受到懲處。」此後的統治者對待基督教徒基本上是持反對的態度。西元 284 年，戴克里先（Diocletian）成為羅馬帝國皇帝，他在位時期，連續頒布四道敕令迫害基督教徒。教堂被拆，教產被沒收，教會的書籍被燒，神職人員被投入監獄並用酷刑強迫他們獻祭。

戴克里先及其前任們對基督教的敵視和鎮壓政策，不僅沒有將基督教鎮壓下去，而且相反，鎮壓愈烈，信徒愈多。到西元 4 世紀初，帝國境內信奉基督教的人數達到 600 萬左右，教會的數目也增至 550 個。基督教不但在帝國上層迅速發展，而且深入軍隊。面對基督教勢力的發展，再加上此時基督教成分和教義的改變，統治者的政策有了明顯的變化，即由鎮壓基督教徒轉向利用基督教徒。至此，早期基督教發生了根本性的變化，從反抗羅馬轉變為服從羅馬，從否定奴隸制轉變為承認奴隸制，從建立人間天國轉變為追求天上王國，從宣揚戰鬥演變為主張忍耐和普愛。如此，早期基督教便失去了戰鬥的鋒芒。羅馬帝國也看到了它的可利用之處，於是兩者逐漸接近。西元 313 年，羅馬皇帝君士坦丁（Constantinus）聯合帝國東部教會一起頒布了《米蘭敕令》（*Edict of Milan*），正式承認基督教為合法宗教，並發還其教堂和財產。《米蘭敕令》的頒布是基督教史上的一個重大轉捩點，它第一次承認了基督教會可以擁有財產，並使基督教取得了

合法地位。

　　《米蘭敕令》頒布之後，君士坦丁為統一帝國，繼續實行扶持與收買基督教的政策，如此他便得到了西部基督教徒的擁護和支持，也受到帝國東部教會的讚賞和擁戴，因此在與東部統治者李錫尼（Licinius）的爭鬥中占據了優勢，並於323年戰勝李錫尼，統一羅馬帝國。

　　取得全國政權後，君士坦丁一方面積極扶持基督教，加強對教會的控制；另一方面則對基督教在教義、組織和禮儀方面進行統一。君士坦丁採納了他的宗教顧問何西烏斯的建議，於西元325年在小亞細亞的尼西亞召開了全帝國範圍內的主教會議。在君士坦丁的強制下，會議通過了統一的尼西亞信條。明確規定三位一體派（Trinitarianism）為正統，譴責亞流教派（Arianism），開除亞流的教籍，並將他放逐到伊利里亞（Illyria），其著作予以焚毀。會議還制定教會法規20條，肯定主教制，加強主教權力，規定帝國行省劃分教區，並賦予羅馬、亞歷山大里亞和耶路撒冷主教比一般主教更多的權力。

　　尼西亞會議使基督教會從組織上清除了反對派和異端，達到了統一；從理論上制定了正宗教義，達到了教義上的統一；在政治上，主教必須同時忠於政府和上帝，達到了基督教會與帝國政權結為一體。這種政教結盟對之後歐洲各國政

教關係的歷史發展產生了深遠影響。尼西亞會議象徵著早期基督教的質變，它已經實質成為了羅馬國家的國教。

　　尼西亞會議之後，基督教在歷代羅馬皇帝的支持下獲得了長足的發展。西元 392 年，狄奧多西一世（Theodosius I）頒布法律：關閉一切異教神廟，禁止獻祭活動；違令者罰黃金 25 鎊，進行獻祭活動的房屋、土地沒收；知情不報者同罪。至此，基督教在羅馬一統天下的地位被正式確立。所以，後世一般都將 392 年作為基督教被定為羅馬國教的正式年分。從此之後，基督教的性質發生了根本的變化，它已經從被迫害的對象，變成了統治階級鎮壓下層人民的工具。而基督教成為羅馬國教則成為了西方文明史上一個重要的轉捩點。此後，基督教代替古典文化成為帝國文化的主流。

# 傳奇故事

傳奇故事

## 傲慢之王 —— 小塔克文

　　古羅馬王政時代的塞爾維烏斯王（Servius）的女兒塔力雅，是個極愛虛榮的女人。塞爾維烏斯把她嫁給先王塔克文（Tarquinius）的後人小塔克文。小塔克文是個野心家，一直覬覦塞爾維烏斯的王位。夫妻二人一拍即合，開始進行陰謀活動。

　　準備完畢後，小塔克文帶人前往元老院，發表非難塞爾維烏斯的演說。當塞爾維烏斯聞訊趕到時，小塔克文見勢不妙，把老岳父攔腰抱起，從元老院的臺階上拋了出去，在外守候的塔力雅趁機駕著馬車，從父親身上碾過去。為羅馬做出傑出貢獻的塞爾維烏斯就此暴屍街頭，小塔克文則如願以償地竊取了王位。羅馬人在很長一段時間內都稱那條街為「惡人街」，暗寓著對篡位者的不滿。

　　小塔克文的統治非常暴虐。他既不召集人民大會，也從不聽取元老院的意見，據說還曾經在廣場上殺人取樂。羅馬人暗地裡稱他為「傲慢王」。為了轉移人民的不滿，傲慢王發動了對鄰國的戰爭。

　　一次，在圍攻阿爾戴樂城時，傲慢王的兒子塞斯圖斯和

044

外甥克拉第努斯隨軍征戰。在戰事停歇時，兩人飲酒聊天，互相誇耀自己的妻子賢惠。由於年輕氣盛，兩個人誰也無法說服對方。於是提議回家偷看她們在做什麼，以此來賭輸贏。

他們連夜趕回羅馬，發現王子的妻子由於耐不住寂寞，正召集了一群朋友喝酒取樂。他們又趕到克拉第努斯家，發現他的妻子魯克麗絲（Lucretia）不僅長得漂亮，而且勤勞持家，深夜了仍在燈下紡羊毛。這樣一來，誰勝誰負不言自明。

輸了賭金的王子心下不平，而且垂涎魯克麗絲的美色。幾天之後，塞斯圖斯偷偷來到克拉第努斯的家，心地善良的魯克麗絲見親戚來訪，遂熱情地款待，並留他在客房過夜。誰知夜深人靜時，塞斯圖斯卻潛入魯克麗絲的臥室，用短劍威脅，強行占有了她。

第二天，魯克麗絲讓人請丈夫火速回家。克拉第努斯立刻和好友、先王塞爾維烏斯之子布魯圖斯（Brutus）趕回家中。魯克麗絲向他們哭訴了自己的遭遇，然後抽出短劍，刺入自己的胸口。克拉第努斯和布魯圖斯對著魯克麗絲的屍體發誓，一定要為她報仇。

他們把魯克麗絲的屍體抬到羅馬廣場上，向市民們控訴塞斯圖斯的罪行，聞訊而來的市民對此無不憤慨。布魯圖斯

## 傳奇故事

不失時機地發表了反對傲慢王的演說,並提議將傲慢王一族驅逐出羅馬。市民們被壓制多年的不滿終於爆發出來,他們團結在布魯圖斯和克拉第努斯周圍,驅逐了留在羅馬的傲慢王的族人。

當傲慢王聞訊趕回羅馬的時候,羅馬城門緊閉,城上的人告訴他,他已被廢黜,並且不允許進入羅馬。傲慢王無奈,只得帶著家眷回到伊拉里亞去了。這一年是西元前509年。

隨著傲慢王小塔克文被廢黜,持續244年的羅馬「王政時代」結束了,羅馬的歷史即將進入一個嶄新的階段。

# 格拉古兄弟的改革之路

　　西元前 2 世紀後半期，貫穿羅馬共和國始終的土地問題又被提了出來。大土地所有制的發展和大量海外糧食的輸入，使無力與之抗爭的小農陷入貧困、破產的深淵。這不僅加深了大小土地所有者之間的矛盾，而且破壞了羅馬共和國的基礎。西元前 123 年，羅馬軍隊在普羅旺斯（Provence）擊敗凱爾特人（Celts）。羅馬統治階級內部一些較有遠見的人物，在奴隸起義的衝擊下，看到這一社會問題的嚴重性。於是，他們試圖透過解決農民的土地問題，來緩和與其之間的矛盾，維護和擴大共和國的社會基礎。

　　西元前 134 年，一位羅馬青年在人民大會上發表了激動人心的演說：「漫遊在義大利的野獸，各個還都有洞穴藏身，但是為義大利英勇奮戰不惜一死的人們，卻除了空氣和陽光之外一無所有。他們無家無室，攜妻挈子到處流浪……他們在作戰時出生入死，卻只是保全別人的豪華享樂。他們雖被稱為世界的主人，但卻沒有一寸自己的土地。」這是古羅馬傑出政治家提比略格拉古（Tiberius Gracchus）（西元前 163～132 年）在競選保民官時發表的著名演說。他和弟

弟蓋約格拉古（Gaius Gracchus）出身貴族，自幼受到良好教育，受過希臘民主思想的薰陶。提比略還是布匿戰爭（Punic War）中第一個衝上迦太基城頭的羅馬英雄。他們沿著羅馬貴族的傳統仕途，從神職、軍職而後步入政界。提比略格拉古由於作戰有功和擁護土地改革而在平民中獲得了極高聲望。

西元前133年，提比略當選保民官後，他參照李錫尼亞塞克斯蒂亞的舊法，提出了土地法案。法案規定：任何人占有土地不得超過500尤格，有子嗣者，其長子、次子可占有250尤格，即每戶占有公有地總數不得超過1,000尤格。凡超過這個限度的土地收歸國有，然後劃分每塊為30尤格，分給無地農民世襲使用，但不能出賣與轉讓。同時，提比略還建議成立一個由公民會議選出的三人委員會，負責處理土地回收和分配的一切事宜。

提比略的土地法案侵犯了大土地所有者的利益，遭到了以元老院為首的貴族地主及保守勢力的強烈反對，他們造謠中傷，甚至採取收買手段，唆使另一個保民官對提比略法案行使否決權。但在平民的支持下，提比略的法案終獲通過。提比略本人、弟弟蓋約和他的岳父被選入三人委員會。但是，由於反對派從中作梗和土地回收、分配工作的複雜，三人委員會的工作進展緩慢。提比略為推行其法案，違反舊

例，決定競選連任下一年度保民官。元老貴族以此誣衊提比略要做獨裁者，進而發動進攻。第二年，當提比略準備為推行這一法案而再度競選保民官時，以大教長那西卡為首的反對勢力蓄意挑釁。在卡彼托爾丘的廣場集會上，那西卡誣陷提比略的一個手勢是「要求王冠」、「陰謀稱王」，率眾衝進會場一擁齊上，將提比略及其追隨者三百多人殺死。事後，他們竟然不顧蓋約要領回其兄遺體的要求，連夜將遇難者屍體投入臺伯河。但反對派的行為已激起民憤，元老院不敢廢除提比略的土地法，那西卡則在人民的唾棄聲中被迫出走，再也不敢返回羅馬。

　　但是，戰鬥並沒有就此停息，10 年之後，即西元前 123 年，提比略之弟蓋約格拉古（西元前 153～前 121 年）當選保民官。蓋約以他非凡的才能，剛毅果斷的氣度，決心繼承其兄未竟之業。他鑒於提比略失敗的教訓，為爭取更多的支持者，孤立反對派，在恢復提比略土地法案的同時，還進行了一系列其他立法活動。他先後實行了糧食法、審判法、軍事法、築路法等。這些法案的實施，博得了平民的讚揚和擁護，打擊了元老貴族，促進了民主運動的發展。為了更好地解決土地問題，蓋約還計劃在迦太基設定移民區，並親自去該地視察。西元前 122 年，在平民的支持下，蓋約又當選了保民官。為了擴大支持者，他提出給義大利「同盟者」公民

權的法案。這一激進法案的提出，不僅遭到元老貴族的反對，同時也不被平民、騎士所接受，於是反對派故伎重施，武裝襲擊蓋約為首的改革派。西元前 121 年，改革派在阿芬丁丘被圍攻，蓋約不甘被俘，命令隨行奴隸將自己殺死，他的三千多名支持者同時殉難。據說凶手們為了取得賞金，竟不知羞恥地大肆爭奪蓋約的頭顱！

　　格拉古兄弟的改革雖然失敗了，卻為羅馬的平民爭得了一些利益，也為後來的一些改革者提供了改革方案的藍本，在歷史上具有深遠的意義。它在政治上打擊了元老貴族和傳統勢力；在經濟上使 8 萬貧苦農民得到土地，在一定程度上緩和了土地集中的過程，使部分平民的生活條件得到了改善。蓋約的一些政治主張，不僅改進了國家行政和司法管理機能，而且在後來的羅馬社會發展中也曾產生過積極的影響。

## 馬略的軍事變革

　　格拉古改革失敗之後，貴族派利用自己的勝利肆無忌憚地侵吞公有土地，特別是西元前 111 年托利烏斯土地法公布之後，土地私有合法了，從而進一步加劇了土地兼併和農民破產失地的過程。西元前 111 年，羅馬和非洲的努米底亞國王朱古達發生戰爭。這次戰爭充分暴露了貴族將領的腐朽與無能，也暴露了羅馬軍隊的墮落。他們接受朱古達的大批賄賂，使戰爭屢遭失敗。這使騎士們的海外商業和高利貸活動受到損害，引起騎士階層的極大不滿。與此同時，在北方，羅馬遭到辛布里人、條頓人的襲擊，執政官被打敗，數萬人被殲，使羅馬統治者大為惶恐。在南部，西西里島爆發了第二次奴隸大起義。所有這些事件，一方面加劇了貴族派與民主派之間的矛盾和戰鬥；另一方面，面對緊張的軍事形勢和奴隸起義的風暴，羅馬統治者不得不考慮改變軍隊的腐敗狀況，加強武裝力量，從而扭轉被動局面。

　　西元前 107 年，出身低微的馬略（Marius）在民主派的支持下，當選為執政官。在此之前，馬略曾投身行伍，戰績頗赫。轉入政界之後，曾出任過保民官、行政長官和行省總

督。各種公職鍛鍊了馬略的才能，使他在士兵和平民中享有一定的威望。同時，他對羅馬軍隊的墮落和紀律敗壞現象也深有了解。因此，馬略就任執政官之後，立即著手軍事改革。他一反舊制，放棄早已難於實行的兵役財產資格的規定，改徵兵制為募兵制，改農民兵為僱傭兵。凡是志願而又符合服役條件的公民（包括無產的貧民）都可應募入伍，服役期為 16 年；服役期間由國家供養，發給薪餉和武裝；退役之後作為「老兵」，分給份地，並可充當後備力量。募兵制的實行，不僅擴大了兵源，使公民兵變成職業軍隊，而且重新調整了軍隊的編制、裝備，使羅馬軍隊的戰鬥力大為提高。西元前 106 年，羅馬率軍進入非洲，勝利結束了朱古達戰爭。此後，他又擊敗了進犯義大利的森布里人和條頓人。西元前 101 年，羅馬又調遣這支軍隊鎮壓了第二次西西里奴隸起義。

馬略的軍隊改革具有十分重要的意義，在羅馬歷史發展的過程中產生過深遠的影響。這一改革打破了城邦所固有的、業已過時的軍事制度。其一，募兵制的實行，使大批無業遊民加入軍隊，不僅部分地解決了小農破產後的謀生問題，而且也改變了羅馬土地問題的性質，從此之後，羅馬的土地問題不再表現為破產農民要求恢復土地的戰鬥，而是服役的老兵爭取份地的戰鬥。其二，募兵制的實行，衝破了舊

的城邦制度的傳統，使羅馬軍隊的性質發生了根本性的改變——由以農民為骨幹的公民兵變為僱傭化的職業軍隊，這就為羅馬軍事獨裁的產生準備了條件。因為僱傭化的職業軍人必然追隨統帥，以求得更多的擄獲物和土地；而統帥則透過滿足士兵的物質和土地要求，籠絡收買軍隊，並且憑藉其所掌握的軍隊達到奪取政權的目的。這在當時的歷史條件下，無疑加速了羅馬由共和制向帝制演變的過程。

## 蘇拉的獨裁時代

蘇拉（Sulla）出身於沒落的貴族家庭，為人剛愎自用，機敏狡黠，頗具野心。蘇拉原是馬略的助手，以殘忍狡詐著稱，但在所擔任的職位上，卻也頗有建樹。在西元前91年的「同盟者戰爭」中，他取得了赫赫戰功。西元前88年，蘇拉當選為執政官，並透過聯姻與貴族結成聯盟，成為貴族派的領袖。從此，他與馬略為代表的民主派展開了激烈的戰鬥。

在「同盟者戰爭」期間，小亞細亞的本都發生了反抗羅馬統治的戰鬥，羅馬元老院決定出兵鎮壓本都的起義。但在派遣軍隊統帥問題上，貴族派與民主派發生了激烈的戰鬥。西元前88年，在元老院的支持下，蘇拉獲得了軍隊的統帥權。可是，蘇拉的軍隊尚未離開義大利，民主派就使公民大會作出撤銷蘇拉為軍隊統帥的決議，代之以馬略。蘇拉聞訊，率軍進攻羅馬城，開創了羅馬歷史上前方統帥率軍反對中央的先例。蘇拉進城之後，大殺民主派，馬略逃往非洲。蘇拉迫使元老院宣布馬略及其擁護者為「公敵」，宣布元老院為最高權力機關，並把其擁護者增補為元老。西元前87

年,蘇拉再度率軍東征。

蘇拉離開義大利之後,執政官秦納(Cinna)立即要求廢止蘇拉的一切措施。在遭到蘇拉同僚屋大維的拒絕後,他去外地徵集軍隊。這時馬略也從非洲返回,在伊達拉里亞集結6,000人的軍隊,與秦納聯合起來,占領了羅馬,對蘇拉進行了報復,許多重要人物被殺,蘇拉被宣布為「公敵」,其財產予以沒收,並實行了一系列與蘇拉相對立的改革。

西元前84年,蘇拉率4萬軍隊並攜帶不計其數的金銀財寶,返回義大利。西元前82年,蘇拉進入羅馬,被元老院宣布為終身獨裁者。他以「公敵宣告」的辦法,殺死或放逐90名元老、15名高級軍官和2,600名騎士,建立了第一個軍事獨裁政權。儘管共和國的統治形式仍然存在,但共和政體和基本原則實際上已經被否定。公民會議和保民官的權力受到嚴格的限制;平民在反對貴族戰鬥中取得的成果也喪失了;300名蘇拉的擁護者被選進元老院,元老院的人數增加到600人。同時,蘇拉又為在他手下服役的12萬老兵分配了土地,以取得他們對獨裁政權的支持。

西元前79年,蘇拉突然宣布辭職,隱居到自己的海濱別墅種白菜,次年病逝。

在貴族派與民主派戰鬥的腥風血雨中建立起來的蘇拉獨裁,是奴隸主貴族為克服城邦危機而實行的個人軍事獨裁。

它的階級基礎是一小撮貴族寡頭和僱傭化的軍隊，它的措施反映了元老貴族及其追隨者的利益和要求，它的宗旨是為了鎮壓奴隸、各地區人民的反抗和高漲的民主運動。因此，在羅馬歷史上，蘇拉獨裁具有保守的性質。

# 凱薩大帝與「三頭政治」的興衰

　　凱薩（Caesar）是羅馬歷史上最具超凡魄力的政治人物之一。

　　西元前 100 年 7 月 16 日，凱薩出生在羅馬一個古老的貴族家庭中。他從小就立下宏願：使羅馬稱霸天下。據說在他 20 歲時，地中海上的強盜把他抓去，向他索要 20 塔倫的贖金。凱薩對強盜說：「我的身價要比 20 塔倫高得多，你們應該要 50 塔倫才對。」不久，凱薩家人根據他的信，以 50 塔倫把他贖出。凱薩隨即帶著船隊把強盜追上，並把他們全部送上了斷頭臺。

　　西元前 84 年，凱薩被選為羅馬城朱比特神廟的祭司，這是一個並不算高的職位。這一年，16 歲的凱薩同執政官秦納的女兒科涅利婭（Cornelia）結了婚。兩年之後，凱薩被蘇拉免去了祭司之職，便去了亞細亞行省，幸運地被那裡的總督看重，當了一名軍官。蘇拉死後，凱薩返回羅馬，全力投入反對蘇拉派的戰鬥。他在法庭上控告蘇拉派分子，由於他的控告演說十分出色而大受歡迎，演說稿在羅馬城廣為傳抄。

## 傳奇故事

　　凱薩在同元老貴族的戰鬥中不斷提高他在平民中的威望。西元前 68 年，凱薩當選為財務官，掌握了政府財庫、軍隊糧餉和軍隊戰利品的處理權。按法律規定，只有擔任了財務官以上的公職，才能進入元老院，從此凱薩便踏上了通往羅馬共和國最高權力的階梯。

　　西元前 63 年初，羅馬國家最高祭司去世，需進行補選。凱薩毅然參加競選，結果，凱薩奇蹟般地當選了，成為羅馬宗教界的權威人物。

　　不久，凱薩又當選為西元前 62 年度的行政官。第二年，他透過抽籤的辦法，獲准出任西班牙總督。在西班牙的約兩年時間裡，凱薩招兵買馬擴充實力，大刀闊斧地征討那些不願臣服羅馬的部族，被奉「統帥」稱號。

　　為了競選西元前 59 年度的執政官，未等新任西班牙總督抵達西班牙，凱薩便趕回羅馬。這次，他以賄賂、利誘等種種手段爭取各方面的支持，終於如願以償，爬上了羅馬政權的頂峰。

　　當時，羅馬政局一直被貴族元老院所左右。這些人反對民主勢力，處處推行落後保守的政策，問題全部集中在羅馬的公民權上。原來，當時羅馬的政策是，只有住在羅馬城裡的奴隸主和自由民享有羅馬公民權；而城區以外、義大利各地和海外行省的自由民卻享受不到公民權，還要擔負著和羅

馬自由民一樣的義務。凱薩非常反對這種做法，常和平民站在一起進行戰鬥。此外，羅馬城中的另外兩個重要人物龐貝（Pompeius）和克拉蘇（Crassus）也和他一樣，積極反對元老院。但是他們三個人誰也沒有力量單獨戰勝貴族勢力。於是，凱薩便約了龐貝和克拉蘇，共結祕密聯盟，史稱「前三頭同盟」。在民主外衣的掩蓋下，實際形成了事實上的「三頭政治」獨裁。

三頭同盟中，以龐貝的威望最高。他曾先後平定過西班牙起義，消滅過地中海上的海盜，征服了小亞細亞。經過深思熟慮，凱薩決定把已經訂婚的女兒許給龐貝。這一手果然靈驗，不但三頭同盟鞏固了，而且也使凱撒順利地當選為羅馬的執政官。

凱薩的執政官到期後，即以總督身分於西元前58年率部向高盧進軍。西元前56年4月，當凱薩忙於高盧戰爭時，「三頭」來到義大利北部小城盧卡。這次會晤祕密約定：龐貝和克拉蘇出任西元前55年的執政官，當選之後要保證三人在行省和軍隊中的地位和指揮權，尤其要使凱薩在高盧的任期再延長五年。西元前57年，凱薩開始進攻塞納河以北勢力強大的比爾古人。至西元前56年底，整個高盧都被凱薩統治。

高盧戰爭使凱薩掌握了一支受過鍛鍊並效忠於他個人的

## 傳奇故事

龐大軍團。西元前52年,羅馬平民暴動,龐貝被任命為唯一的執政官,率軍鎮壓了暴動。之後,他又脅迫元老院命令凱薩必須於西元前49年3月任期滿時解散軍隊,隻身返回羅馬,否則將以羅馬的「公敵」論罪。凱薩決定訴諸武力。

西元前49年1月14日,凱薩率軍渡過高盧行省和義大利交界的魯比孔河,直奔羅馬。1月18日,龐貝帶領黨徒和少數元老貴族逃亡巴爾幹。凱薩靠自己的才幹和眾多軍民的擁護,在60天內便占領了整個義大利,旋即進入羅馬取得政權。接著便親征西班牙,打垮了龐貝的主力,龐貝乘船逃奔埃及。西元前51年,埃及國王托勒密十二世病故,臨終前留下遺囑,讓其子托勒密十三世與其姐克麗奧佩脫拉(Cleopatra)共治國家,但後來姐弟倆為爭奪王位引發了戰爭。凱薩為追殲龐貝及其殘餘部隊,率三千兵馬來到了埃及京都亞歷山大城。

為了奪取王位,克麗奧佩脫拉急於見到凱薩。她悄然乘一條小船離開軍營,並讓人把自己藏在一條麻袋裡,祕密地回到了已被凱薩霸居的王宮裡。她俯伏在凱薩面前,懇請允許她參與管理朝政。當時凱薩52歲,而女王不過22歲。最終,凱薩成了女王的情人和保護神。

凱薩讓托勒密十三世同他姐姐言歸於好,共同管理朝政。但13歲的國王不予理會,跑出王宮丟下王冠對抗凱

薩。經過了近三個月的激戰，凱薩終於取得了勝利，托勒密十三世在戰亂中逃跑時，因船沉而死，女王成了唯一的當權者。西元前47年3月，為鞏固克麗奧佩脫拉的統治地位，凱薩率領騎兵重返亞歷山大城，不久，克麗奧佩脫拉生下一子。根據凱薩的允諾，孩子取名為凱薩里昂，即「小凱薩」，成為埃及法老的合法繼承人。

　　凱薩征戰東方取勝返回羅馬後，心中仍十分思念女王。西元前46年夏天，他邀請埃及女王同其弟（名義上的丈夫）托勒密十四世前往羅馬締結同盟。

　　從西元前45年開始，由於凱薩的一系列超凡勝利，元老院給予了凱薩無數的榮譽和權力，他被尊為「半神」。但凱薩仍不滿足，他想當至高無上的皇帝。在王權問題上的這種試探，使那些不滿其獨裁統治的人獲得了反對他的把柄。於是，當凱薩正全力以赴忙於準備對帕提亞（Parthia）進行戰爭之時，元老貴族卻在醞釀殺害他的陰謀。陰謀的領袖是凱薩收降且得到信任的龐貝派軍官布魯圖斯（Brutus）和卡西烏斯（Cassius），參加者有60多人。他們商定，在西元前44年3月15日元老院開會討論出兵帕提亞和表決封凱薩為國王時動手。當凱薩步入議事廳門口時，有人塞給他一塊記事板，向他透露有人要謀殺他。但凱薩根本沒有看這塊記事板就把它裝在口袋裡，因為他太高傲了。就在凱薩坐下不

久，陰謀分子以商量事情為由接近了他，於是群手齊下，向他連扎23刀。當多人掏出短劍刺向凱薩時，凱薩看到布魯圖斯也握劍在手，便只說了一句話：「還有你呀，我的孩子！」就不再反抗了。據說布魯圖斯是他早年與情人塞維麗婭所生之子。

凱薩死後，當年的羅馬執政官安東尼（Antonius）為他主持了隆重的葬禮，並且宣讀了元老院的決議：授予凱薩以一切神和人的榮譽。隨後，在市中心廣場立起了一根20尺高的大理石悼念柱，上刻銘文：「獻給祖國之父」。人們相信凱薩真的成了神，所以為他塑像時在頭頂上加了一顆星。

# 暴君尼祿的統治

尼祿（西元 54～68 年）是羅馬史上最有名的暴君。他殘暴凶狠，放蕩不羈，揮霍無度，終日沉溺於聲色犬馬和宴慶遊賞之中。他自詡多才多藝，自命為「偉大的藝人」。經常不理朝政，登臺歌唱演奏，參加角鬥競技，甚至到希臘參加奧林匹亞和科林斯賽會，長期進行公開演出，並強制觀眾前去捧場。

64 年，羅馬發生火災，全城 14 個區只有 4 個區倖存下來。據傳說，正當羅馬城一片火海時，尼祿「正登上自己的舞臺，高歌有關特洛伊毀滅的詩篇」。由於尼祿的胡作非為，人們傳說 64 年的大火，是尼祿因厭棄簡陋的舊城而縱火焚城。尼祿為制止流言，將大批基督徒當成嫌疑犯逮捕起來，並用最殘酷的手段把他們處死。尼祿的倒行逆施，引起各地和各階層的普遍不滿。65 年，不列顛爆發了以伊塞尼部落「女王」鮑提卡為領袖的起義。起義者擊潰了羅馬的軍團，占領了羅馬在不列顛的首府，殺死 8 萬羅馬的移民和商人。66 年，巴勒斯坦也爆發了大規模的武裝起義。在耶路撒冷，起義者打敗了羅馬總督，全殲羅馬駐軍。68 年，高

盧又爆發了以文德克斯為領導的討伐尼祿的起義，並得到西班牙和北非各行省的響應。同時，近衛軍也背叛尼祿。元老院面對嚴重形勢，宣告尼祿為人民公敵。尼祿走投無路，最後在逃亡途中自殺。

# 君士坦丁大帝與基督教的勝利

西元305年，羅馬皇帝戴克里先退位，引起了一場政治混亂，爭權奪利的內戰再次爆發。君士坦丁遂開始登上政治舞臺。

君士坦丁本是「四帝共治」（Tetrarchy）時期一位凱薩的兒子，英勇善戰，極富謀略。在內戰中征戰幾十年，終於降伏了各地野心勃勃的軍事首領，成為帝國唯一的最高統治者。

鑒於自己起兵奪權的經歷，君士坦丁認為「四帝共治」的設計純屬徒勞，於是廢除它而代之以「家天下」，分封子姪們為「凱薩」，治理帝國各地。他本人則為全國帝王，經常巡視各地，子姪們均俯首聽命。君士坦丁自以為得計，不斷頒布法令，極力維護垂死的奴隸制度，企圖重振帝國雄風。

君士坦丁重做「帝國夢」的同時，還採取了兩項對後世有重大影響的措施。西元313年，他頒布了「米蘭敕令」，承認基督教的合法地位。12年後，他又親自主持尼西亞會議，使基督教成為有利於帝國統治的工具，他本人也於臨終

## 傳奇故事

時受洗，成為基督教徒。西元 330 年，君士坦丁遷都到東方的拜占庭（Byzantium），在那裡大興土木，建成一座可與羅馬媲美的新都，定名為君士坦丁堡。此後，這裡成為帝國統治的中心和連線東西方的最大都市。

但君士坦丁的「家天下」也沒能維持多久。當他還屍骨未寒的時候，他的三個兒子和兩個姪子便為爭奪帝位展開了 16 年的內戰。內戰的獲勝者為防悲劇重演，處死了所有近親，只留下一位堂弟。

此後，帝國內部矛盾重重，東西方對立嚴重，一統江山的局面已勢難持久。到狄奧多西皇帝在位時，雖曾短暫統一，但他卻看到了帝國的黯淡前途。

西元 395 年，狄奧多西臨終前，把帝國一分為二，交給他的兩個兒子分別治理，稱為西羅馬和東羅馬。從此羅馬正式分裂，西羅馬名義上的首都仍是羅馬，而皇帝卻常駐米蘭和拉溫那（Ravenna）；東羅馬則定都君士坦丁堡。此時的西羅馬，已是一片破敗，皇帝有時甚至要靠蠻族軍隊來支撐門面。

西元 476 年，日耳曼將領奧多亞塞（Odoacer）廢黜了西羅馬末代皇帝羅慕洛斯奧古斯都（Romulus Augustus）。這個西方稱雄千餘年的大帝國滅亡了。

# 戰爭篇章

戰爭篇章

## 第一次撤離運動的背景與影響

羅馬共和國建立之後，羅馬內部貴族與平民的矛盾更加劇烈。貴族享有種種特權，而平民不僅在政治經濟上毫無地位可言，而且隨時都有淪為債務奴隸的危險。為了爭取相對的權利，由平民組成的軍隊便開始發揮了作用。

西元前495年的一天，一個衣衫襤褸、蓬頭垢面的老人在羅馬廣場上引起了大家的注意。在大家的追問下，老人傷心地說：「我曾經是軍團裡的百夫長，為保衛羅馬身經百戰。」接著，老人哭訴了自己的悲慘遭遇：連年的戰爭破壞了家園，倖存的家畜又被盜賊偷走。為了生活只能去借高利貸，因年景不好無法還債，房產被債主收押，自己也淪為奴隸。說罷，老人脫下衣服，讓大家看身上為保衛羅馬而留下的刀箭傷疤，還有債主新留下的累累鞭痕。

一時間群情激憤，眾人紛紛去召集市民，霎時間羅馬城萬人空巷。平民們擁向元老院，要求保障平民的自由。元老們懾於眾怒，都躲在家中不敢赴會。兩名執政官費盡口舌，也無法說服大家安靜下來。恰在此時，一個鄰國向羅馬發起進攻。貴族們見勢不妙，只得請在平民中形象比較好的執政

官塞爾維出面收拾局面。情急之下，塞爾維向平民保證：「任何人不得阻止羅馬市民應執政官之召參與軍務；不得以任何方式沒收或拍賣從軍平民的財產。」平民們在得到塞爾維承諾在戰後把這一保證法律化後，立刻應召參軍。在執政官的指揮下，羅馬勝利了，但是執政官塞爾維的諾言卻沒能兌現，元老院沒有通過塞爾維關於保護平民利益的提案。平民們的不滿日益增加，他們依靠手中掌握的選票，處處與貴族為難。在選舉祭祀的主持人時，他們打破選舉一個執政官的慣例，故意選出一個平民出身的老百夫長；當貴族出身的司法官判案時，他們會湧進法庭，用噪音干擾對負債平民的判決，如此等等，不一而足。

當羅馬人內訌時，薩莫奈人（Samnite）發動了對羅馬的入侵。執政官緊急召兵，平民們卻無一響應。因為權利無法實現，平民們拒絕為羅馬作戰。他們全副武裝地撤離了羅馬，開赴離城五公里的聖山——阿芬丁山，聲稱如果貴族不妥協，他們將建立與「貴族邦」對立的「平民邦」，與羅馬脫離關係，史稱「第一次撤離運動」。消息傳到鄰國，虎視眈眈的鄰邦都有蠢蠢欲動之勢，意圖從中漁利。

在大兵壓境的情況下，處在夾縫中的羅馬貴族終於低下高傲的頭，與平民達成協議：平民有權選舉兩名保民官，保民官必須出身於平民階層，在任職期間其人身不可侵犯。保

### 戰爭篇章

民官的職責是維護平民利益,對於不利於平民的決定,他只要說聲「我反對」即可否決。後來,又設定了兩個平民市政官作為保民官的助手。到西元前 471 年,羅馬的法律正式確認保民官有權召開平民大會,貴族不得參與。

「第一次撤離運動」終於以平民取得部分權利的勝利而告終。

# 第二次撤離運動的風雲

第一次撤離運動後,隨著平民戰鬥的勝利,制定成文法的要求被提上日程。西元前462年,保民官特蘭梯留提出制定成文法的方案,雖然貴族堅決反對,但在平民的壓力下,不得不組成「十人委員會」,負責立法。這個委員會最初由貴族組成,制定出十條法律。平民對此卻深為不滿。西元前450年,「十人委員會」被迫改組,貴族與平民各占一半。新的委員會在十條之外又增加兩條。這12條法律被刻在12塊銅牌之上,在羅馬廣場公布,故名為「十二銅表法」。

實際上,這個法律只是過去羅馬習慣法的彙編,不見任何新意,平民從中並沒有得到多少好處。它仍以苛酷的法律保護債務奴隸制,仍然保有「以牙還牙、以眼還眼」的原始懲罰條文,平民與貴族在法律上仍不平等,還明確規定禁止平民與貴族聯姻。更有甚者,立法工作完成後,「十人委員會」不肯交出權力,其領袖克勞狄專橫跋扈,欺凌平民。

克勞狄垂涎一個女孩的美貌,但那個女孩卻屬於平民階層。恪於貴族與平民禁止聯姻的法律,克勞狄派人說合,希望女孩做自己的情婦,卻遭到斷然拒絕。為達到目的,克勞

狄不惜採用卑鄙的手段，誣陷那個女孩是自己家的奴隸所生，公然把她綁架回府。更加令人無法容忍的是，女孩的父親此時正在前線為羅馬作戰。

那位父親聞訊趕回羅馬，自知克勞狄權勢熏天，無法得到公正解決。他找到自己的女兒，哭道：「孩子，能讓你自由的路只有這一條了。」說完，用劍刺入愛女的胸膛。

事情很快傳遍羅馬，平民的憤怒再一次爆發。正在前線作戰的平民都撤了回來，和留在羅馬的平民一道，帶著家屬和財產，全體離開羅馬，又一次上了「聖山」，史稱「第二次撤離運動」。做了壞事的克勞狄不但沒有悔意，還糾集同黨，企圖用武力鎮壓。元老院的貴族們深知此事非同小可：平民一走，誰還能替羅馬打仗？誰還會為羅馬創造財富？他們逮捕克勞狄，決定對他進行公開審判。克勞狄不願忍受這種屈辱，在開庭前夜自殺。「十人委員會」就此解體。

元老院自知這件事貴族理虧，只得緊急通過幾條有利於平民的法律，把平民「恭請」回羅馬。此後，平民與貴族的衝突步步深化，他們在西元前445年取得與貴族通婚和擔任軍政官的權利。西元前421年，作為執政官重要助手的財務官也向平民開放，貴族壟斷國家重要官職的局面終於被打破。

# 羅馬軍團的不可一世

羅馬軍團是整個羅馬帝國得以建立的有力武器。軍團的紀律至高無上，為了軍團利益，他們甚至將不止一位帝王慘加殺害。沒有人能夠抵禦它的進攻，從中東的沙漠直到不列顛的高山，羅馬軍團所向無敵。

羅馬在其建城之初，為了生存，必須用戰鬥來保衛自己。共和時代早期，古羅馬凡是17～60歲的公民，皆有服兵役的義務。當時的羅馬沒有常備軍，只在戰爭時期才召集軍隊，民兵在戰時開赴疆場，戰後即解甲歸田。史家稱之為「寓兵於農」的公民兵制。西元前2世紀末，著名軍事家馬略實行重大改革，改公民兵制為募兵制，當時，城鄉大批無業遊民加入軍隊，在羅馬產生了脫離社會生產的職業軍。西元前29年，奧古斯都建立帝國之後，職業軍隊合法化，正式成了常備軍。這支隊伍被冠以了一個拉丁名號，即「軍團」。

軍團是古羅馬軍隊的基本作戰單位。軍團的數目以及軍團中的人數在各個歷史時期有所不同。最初，羅馬依城邦人口及公民財產狀況，組建了190個「百人團」，總計約兩萬

## 戰爭篇章

人。西元前4世紀以前，羅馬大概有4個軍團，每個軍團約有5,000名左右的重裝步兵和一定數量的輕裝步兵。共和早期，羅馬軍團的戰鬥隊形採用方陣，戰士排成系統橫列，兩個軍團左右並列，形成密集陣線，兩側則配置騎兵。

羅馬軍團主要由三個戰列組成。第一列是青年兵，也被稱為「槍兵」，因為他們的武器一律是長槍。第二列是壯年兵，又稱「主力兵」，是軍團的核心。第三列則是「後備兵」，由老兵組成。戰鬥中，若主力兵進攻失敗，旗手會馬上搖動旗幟，向後備兵發出攻擊訊號，由此便產生了一個羅馬諺語：「事情發展到了後備兵」，表示事情已到了最危急的關頭。

古羅馬的軍紀嚴峻異常。在戰場上及軍營裡，統帥及長官的命令高於一切，下級對上級必須絕對服從。士兵稍有違反紀律，就會受到鞭撻等懲處，甚至會被處死。傳說西元前340年拉丁戰爭時，羅馬執政官曼里烏斯的兒子，就是因違反統帥的禁令，在偵察中同敵軍指揮官單獨決鬥而被判死刑。凡是違犯軍令、臨陣脫逃和怯懦者，都要在戰士佇列之前受到鞭撻，然後砍頭示眾。如果是整個部隊在作戰中膽怯逃跑，則將逃兵排成一橫列，每十人抽殺一人，這就是著名的「十一抽殺律」。克拉蘇曾動用這種嚴酷的律令懲罰被斯巴達克擊敗的軍團，處決了好幾百名士兵。哨兵在站崗時睡覺，便要被押解到軍事法庭，用石頭和木棍毆打至死。

執行死刑判決時，由六名軍事指揮官組成的審判團對犯罪或違紀者進行審訊。古羅馬軍團中對死刑的執行要比一般刑事犯罪中的死刑殘酷得多，它並不是簡單地砍犯人頭，或鞭笞後再砍頭，而是由其中的一名軍事指揮官象徵性地用一根木棒碰一下那個被判刑的人，在這一象徵性的動作之後，營中其他士兵便可隨便用木棒或石頭砸他。罪犯通常未能逃出軍營，便被亂棒及亂石打死，即使他僥倖逃出，也終無生存之法，因為他不能回家，任何親戚朋友都不敢收留他。

嚴厲的軍法在保證鐵的紀律的同時，也鑄造出了羅馬士兵那種令人難以置信的頑強特質。即使在面對人數遠超出自己的敵軍時，他們也會堅守陣地，寧肯戰死，而不願退卻，因為他們害怕比敵人更加恐怖的軍法。正是這種嚴明的軍紀使得羅馬軍團戰無不勝。敵人通常軍紀渙散，只追求個人的榮耀，但羅馬軍團的五千名士兵中，每個人都服務於一個總體的作戰策略。他們首先從遠處用彈弓向敵人投射石塊和鐵球，然後標槍像雨點一樣擲向敵軍，接下來並肩而立，一齊用劍敲打著盾牌，發出有節奏的轟鳴，最後才開始衝鋒。

而凱旋則是給勝利者的最高獎賞。所謂凱旋式，就是為慶祝軍事勝利而舉行的一種列隊遊行活動。這是羅馬人從伊達拉里亞人那裡繼承來的風俗習慣，最後成為羅馬軍團中任何率兵打仗的人夢寐以求的最高榮譽。

## 戰爭篇章

　　經過六個世紀的野蠻征戰，羅馬軍團建立了西起不列顛、東至中東沙漠、橫跨歐洲大陸的羅馬帝國。任何對軍團的反抗都會招致殘酷的懲罰，羅馬的帝王本身也受到了軍團的威脅。在所有統治過羅馬的君王中，沒有一位不是仰仗軍團的力量登基，也沒有一位逃過了軍團的控制。西元 41 年的一天，御林軍謀殺了羅馬皇帝蓋尤斯，同日宣布他的叔父克勞狄繼位。他們如此捍衛的，有時並不是羅馬的利益，而只是軍團統帥的利益。軍團以巨大無比的權力左右著王位，西元 193 年，御林軍竟然拿出王冠來進行拍賣。狄狄烏斯尤利安努斯（Didius Julianus）出價為每名衛隊成員提供五年的俸祿，從而贏得了王位。但尤利安努斯卻為此付出了生命代價。僅六十六天過後，他就被宮內的一名士兵殺死。在外作戰的軍團推舉了他們的一名大將塞提米烏斯塞維魯斯（Septimius Severus）作大帝。前後總共有十名軍團統帥當過羅馬的君王。

　　但羅馬的統治並非永無止境。西元 5 世紀時，羅馬軍團對世界的控制開始削弱，其中一個重要的原因是它過多地依賴外國的士兵。那時，每一百名士兵中，只有一名是義大利人，而在奧古斯都統治時期，義大利人的比例高達 65%。

　　西元 476 年，西羅馬帝國滅亡，羅馬軍團也結束了它的歷史使命，軍團的士兵又重新回到普通的老百姓中間。

## ◆ 維愛戰役：羅馬的擴張 ◆

　　西元前 5 世紀前半期，羅馬粉碎了伊達拉里亞人在羅馬復辟王政的企圖後，先後征服了與它接壤的埃魁人和伏爾西人，穩定了邊境。

　　在羅馬與其他部落交戰時，位於羅馬以北 20 公里、與羅馬隔河相望的伊達拉里亞大邦維愛（Veii）總是乘人之危，與羅馬為敵。所以，當羅馬對埃魁和伏爾西的戰爭一經平息，立刻將戰爭的矛頭指向維愛，史稱「維愛戰役」（Battle of Veii）。

　　維愛是伊達拉里亞大國，經濟發達，文化先進，地勢險要。羅馬對維愛的戰爭斷斷續續打了八十多年，其間羅馬不得不幾次任命獨裁官來擺脫危局。

　　「獨裁官」是羅馬共和國特有的官員，與「獨裁者」是兩碼事，它是指當國家處於緊急狀態時，臨時任命的全權執政官。因為普通執政官是由兩人分擔，實際上每人只有半權，而獨裁官定員一人，只要執政官中有任何一個提名被元老院認可即可上任。獨裁官一旦產生，原來的執政官便立刻歸他指揮，他還可以任命自己的副官──騎兵隊長。獨裁官任

## 戰爭篇章

期半年,到期必須把權力交回。這實際上是羅馬人處理國家危機的一種權變之策。

西元前 396 年,在獨裁官卡米盧斯(Camillus)的指揮下,羅馬人終於征服了維愛。在戰爭中,卡米盧斯看著平民士兵團連年征戰,一天天貧困下去,終於做出了一項重大決定:給士兵發餉 —— 此前羅馬士兵都是無償作戰的。軍餉制激發了士氣,終於取得了維愛大捷。

維愛被攻克,羅馬的疆域陡然擴大了四倍,這是當時羅馬人取得的空前勝利。此後,其他伊達拉里亞城邦組成聯盟,企圖對抗羅馬,但終於無力回天。到西元前 351 年,伊達拉里亞首邦塔奎尼亞被羅馬征服,這個曾經輝煌一時的文明從此消退,淹沒在歷史長河之中。

# 布匿戰爭的血與火

據傳統的說法，迦太基（今突尼西亞境內）是西元前9世紀末腓尼基的推羅建立的殖民地，比羅馬建國早一百多年。

西元前6世紀，巴比倫的尼布甲尼撒滅了泰爾，迦太基就切斷了與宗主國腓尼基的一切連繫，成為一個獨立國家，一個閃族人在西方的大前哨。

羅馬和迦太基兩國由於在西西里島上的利益，引發了一場持續一百多年的爭霸戰爭。羅馬人稱迦太基為「布匿」，所以這場戰爭被稱為「布匿戰爭」。

西元前264年，由於爭奪西西里的霸權，第一次布匿戰爭爆發。在陸戰中，羅馬軍隊連連取勝，可到了海上，就暴露出羅馬士兵不適於海戰的弱點。由於士兵暈船等原因，羅馬海軍在海戰中不斷失利。西元前260年，羅馬人發明了一種善打「海上陸戰」的戰艦——「烏鴉式」戰艦，這種軍艦前面有安裝鉤子，兩側裝置帶欄杆的吊橋，前進時豎起，可以阻擋敵軍投擲武器的攻擊；靠近敵人時放下，吊橋前端的鉤子就死死地鉤住敵艦的甲板，步兵們可以如履平地般從上

面衝過去，與敵軍肉搏。利用這種新式武器，羅馬軍團第一次打敗了迦太基海軍。

勝利的消息傳回羅馬，全城一片歡騰。為紀念這次海戰的輝煌勝利，羅馬廣場豎起了一根大理石紀念柱，石柱上塑的是一隻烏鴉用嘴咬著俘來的迦太基船頭。指揮這次海戰的執政官，也獲得了極大的榮譽，元老院決定派一名火炬手和兩個吹笛子的人跟隨他。他走到哪裡，火炬燃燒到哪裡，笛子響到哪裡，人們就知道，羅馬的英雄來了。

此時的迦太基已打得筋疲力盡，羅馬也國庫空虛，兩敗俱傷的雙方只得坐下來談和。迦太基同意割讓西西里等地中海的島嶼，並向羅馬賠款。羅馬因此控制了西地中海，西西里島成為其第一個海外領地。

這次戰爭雖以迦太基的失敗告終，卻未動搖其根基。西元前237年，迦太基滿腔熱情的大將哈米爾卡巴卡（Hamilcar Barca）遠征西班牙，開拓新的領地。臨行前，巴卡讓他九歲的兒子漢尼拔（Hannibal）在神壇前宣誓：「長大之後，一定成為羅馬不共戴天的敵人。」

巴卡父子用了十幾年時間，把迦太基在西班牙的領地擴展到厄波羅河，並在東南海岸建立了新迦太基城。到漢尼拔執掌軍權時，迦太基已經擁有了比第一次布匿戰爭時期更優秀的陸軍。漢尼拔決心履行誓言，走上復仇之路。

23年後,羅馬為了獲得銅占領了撒丁島,迦太基為了獲得銀隨後占領了整個西班牙南部,這使迦太基成了羅馬的緊鄰。羅馬派軍隊跨過庇里牛斯山,監視著迦太基占領軍。

兩個對手之間的第二次戰爭,就這樣埋下了種子。一個古希臘殖民地再次成為開戰的藉口。當時,迦太基正在圍困西班牙東海岸的撒袞頓人。撒袞頓人求助於羅馬,羅馬像往常一樣,樂於幫忙。元老院答應派拉丁軍隊幫助撒袞頓,但這次遠征需要用一些時間來準備,可是在這期間,撒袞頓已經被占領而滅亡了。但是,羅馬的元老院最後還是決定宣戰。元老院派出兩支軍隊,其中一支羅馬軍隊越過阿非利加海,在迦太基的土地上登陸。另一支將牽制西班牙的迦太基軍隊,防止他們增援迦太基。這是個出色的計畫,人人都期待著勝利。但上帝卻另有一番安排。

西元前218年秋,應該去攻打西班牙迦太基軍隊的那支羅馬軍隊,離開了義大利。人們熱切期待著能輕鬆地大獲全勝。這時,波河平原上卻開始流傳一個可怕的消息,說有幾十萬棕色皮膚的人,牽「跟房子一樣大的」奇怪野獸,突然出現在格萊恩山口周圍的雲端——幾千年前,赫丘利(古希臘神話中的大力神)在從西班牙到古希臘的途中,曾趕著吉里昂的牛,越過這個山口。很快地,一群狼狽不堪的難民源源不斷地出現在羅馬的城門前,帶來了更完整的詳細情

況。哈米爾卡巴卡的兒子漢尼拔，帶著5萬步兵、9,000騎兵、37頭戰象，已經穿過了庇里牛斯山。他已經在羅納河畔，打敗了西庇阿率領的羅馬軍隊。儘管這是十月，路上覆蓋著厚厚的冰雪，但他已經率領軍隊，在世界軍事史上第一次成功穿越了阿爾卑斯山，突然出現在波河平原上。然後他同高盧人的軍隊會師，共同在另一支羅馬軍隊渡過特雷比亞河之前，打敗了它。然後，漢尼拔的軍隊圍攻皮亞琴察，那是把羅馬與山區諸省相連的道路的北端。

　　羅馬的元老院大為驚訝，但仍一如既往從容不迫地壓下了這場戰爭戰敗的消息，又派兩支軍隊去阻擋入侵者。漢尼拔在特拉西梅諾湖邊的一條窄道上，突襲了這些軍隊，殺死了所有羅馬軍官，以及幾乎所有羅馬士兵。這次，羅馬人恐慌了起來，但元老院仍保持鎮靜。它組織了第三支軍隊，這次指揮權賦予了費邊馬克西姆斯（Fabius Maximus），他有全權「做必要的事，來挽救國家」。

　　費邊知道，他必須要非常小心，否則將喪失一切。他的軍隊是新招募的，是最後一支可用的軍隊，缺乏訓練，肯定不是漢尼拔訓練有素的軍隊的對手。他拒絕交手，但卻總是跟隨著漢尼拔，把一切能吃的東西都毀掉，破壞道路，進攻敵人的小分隊，透過特別令人沮喪、厭煩的游擊戰，全面削弱了迦太基軍隊的士氣。

然而,這些辦法無法令躲在羅馬城牆內的驚恐的人們滿意。他們要求「行動」,必須採取堅決的行動。有一個群眾英雄,名叫維洛,在城裡四處吹噓說,自己比遲緩的費邊那個「耽擱者」要強得多。在群眾的歡呼聲中,他成了總司令。但在康奈之戰(西元前216年)中,這位狂妄的英雄卻遭到了羅馬歷史上最大的慘敗,七萬多人被殺。漢尼拔成了整個義大利的主人。

漢尼拔從半島一端進軍到另一端,自稱為「拯救人們擺脫羅馬奴役的人」,要各個省分加入自己對其母親之城的戰鬥。然而,羅馬的智慧再一次結出了高貴的果實。除了卡普亞與西拉庫斯之外,所有的羅馬城市仍效忠於羅馬。拯救者漢尼拔想做他們的朋友,卻發現自己遭遇了對抗。他遠離故土,不喜歡這種處境。他派使者去迦太基,請求新的給養和兵力。但迦太基卻什麼也不能為他送過來。

船上準備著吊橋的羅馬人,是海上的主人,漢尼拔只好靠自己了。他繼續打敗來抵抗他的羅馬軍隊,但他自己的兵力也在迅速減少,義大利農民們則對這位自封的「拯救者」敬而遠之。

經過了多年的、連續不斷的勝利後,漢尼拔發現自己在剛征服的這個國家,遭到了圍困。有一段時間,漢尼拔似乎時來運轉了。他的兄弟哈斯德魯巴(Hasdrubal)在西班牙打

083

敗了羅馬軍隊。哈斯德魯巴越過阿爾卑斯山，來增援漢尼拔。他派使者到南方，告知自己到來的消息，並讓漢尼拔的軍隊在臺伯河平原上迎接他。不幸的是，使者落到了羅馬人手裡。漢尼拔空等著新消息，卻等來了他兄弟的頭顱，完好地裝在一個籃子裡，滾進了他的營帳，告訴了他最後一支迦太基軍隊的命運。

哈斯德魯巴被除掉之後，年輕的羅馬將軍西庇阿輕鬆地重新征服了西班牙。四年後，羅馬人準備對迦太基發出最後一擊。漢尼拔被召回。他渡過阿非利加海，竭力組織迦太基的城防。西元前 202 年，在札馬戰役（Battle of Zama）中，迦太基人被打敗了。漢尼拔逃往泰爾，他從那裡去了小亞細亞，煽動敘利亞和馬其頓人反抗羅馬。他所獲甚微，但他在這些亞洲國家的活動，給了羅馬人藉口，於是羅馬把戰事擴展到東部地區，把愛琴海的大部分都據為己有。

漢尼拔從一個城市被趕到另一個城市，成為流離失所的逃犯。他終於明白，他的雄心壯志算是到頭了。他鍾愛的迦太基城已經毀於戰火，被迫簽署了一個極不平等的和約。根據和約，迦太基放棄非洲以外的全部領土，賠款 1 萬塔蘭特；未經羅馬允許，迦太基不得對外進行戰爭。在生活中，漢尼拔已經無法指望更美好的未來，於是在西元前 190 年，漢尼拔服毒自殺。

第二次布匿戰爭結束半個世紀之後，迦太基逐漸從戰爭的創傷中恢復過來。羅馬深恐迦太基東山再起，又藉口發動了第三次布匿戰爭（西元前149～前146年）。西元前149年，羅馬侵略軍在非洲登陸，提出了使迦太基不能接受的條件。迦太基人為了保衛國家的獨立，奮起抗戰，全城人民同仇敵愾，同敵人進行了頑強的戰鬥。第三年，迦太基城內發生饑饉，在力盡糧絕的情況下，被羅馬攻陷，劫餘的居民被賣為奴，城市被放火焚燒，倉庫、王宮燃燒了整整兩星期。羅馬人對燒黑的廢墟發了個毒誓，然後羅馬軍團返回義大利慶祝勝利。最後，迦太基地區被羅馬劃為「阿非利加省」。

布匿戰爭的勝利最終使羅馬成為地中海世界的唯一霸主。

戰爭篇章

## 西西里奴隸大起義的烈火

西元前 3 世紀至西元前 2 世紀，羅馬的奴隸制獲得發展，奴隸和奴隸主階級矛盾逐漸成為社會的主要矛盾。奴隸主殘酷壓迫和剝削奴隸，激起奴隸不斷起來反抗。從西元前 2 世紀初起，奴隸不斷發動武裝戰鬥。西元前 198 年，一些拉丁城市中的迦太基奴隸曾密謀暴動，後因叛徒出賣而失敗，被處死者達五百餘人。西元前 196 年，伊達拉里亞發生了鄉村奴隸和農民起義，波及全區，羅馬派去一個軍團才把起義鎮壓下去。西元前 186 年，南義大利的阿普里亞牧奴發動起義，起義者達 7,000 餘人，使該地區的道路和牧場都變成了危險地帶。這些戰鬥預示著更大規模的起義風暴即將來臨。半個世紀之後，西西里奴隸大起義便爆發了。

西西里土壤肥沃，素以糧倉而著稱。在這裡奴隸制大田莊產生較早，大田莊中聚集著成百上千個奴隸，大多數來自同一民族或地區，有利於反抗戰鬥的組織發動。恩納城的莊園主達莫費洛以虐待奴隸出名，他不僅不給奴隸基本的衣食，還唆使奴隸搶劫過路的旅客，並要分贓一半。奴隸們忍無可忍，揭竿而起。西元前 137 年夏，在敘利亞籍奴隸攸努

斯（Eunus）的領導下，400名奴隸以鋤頭、鐮刀、斧頭、長竿、短棒為武器，衝進恩納城，得到城裡奴隸的響應，占領了城市。起義隊伍迅速壯大，在恩納城建立了政權，取名「新敘利亞王國」，攸努斯被推選為國王，取號「安條克」（Antiochus）。在國王之下，還設立一個由足智多謀的奴隸組成的顧問院。

恩納城奴隸起義，得到西西里其他地區奴隸的積極響應。在該島西南部阿格里根特，西利西亞籍奴隸克里昂領導一支5,000人的起義隊伍，與攸努斯會合起來。克里昂尊重攸努斯，自願當其副手。起義範圍迅速擴大，西西里東部和中部許多城市如墨薩納、托洛明尼亞、卡塔涅、列昂提尼等，先後落到起義者手中。起義者人數日益增多，最多時達到20萬人之眾。起義奴隸到處摧毀大莊園，殺死莊園主，但他們對小莊園特別是農民和手工業者則加以保護，因而得到當地農民和手工業者的同情和支持。

起義軍屢敗羅馬軍隊。西元前134和133年又擊敗羅馬兩個執政官分別帶領的羅馬軍團。西元前132年，羅馬派遣大軍前往鎮壓，攻陷起義軍主要據點馬爾幹提納和托洛明尼亞，最後圍攻恩納城。在突圍中，20,000奴隸陣亡，克里昂英勇犧牲，攸努斯被俘後死在獄中，起義被殘酷鎮壓下去。

不久，羅馬在北非進行朱古達戰爭，又和北方入侵的日

耳曼人作戰，需要大量軍隊。但許多行省和同盟國的自由民因債務淪為奴隸，不能提供兵源。因此，元老院下令行省總督審查自由民出身的奴隸，予以釋放。西西里總督涅爾瓦釋放了800名奴隸，後因接受奴隸主的賄賂，停止了審查。於是，渴望自由的奴隸憤然舉行起義。於是，西西里又爆發了第二次奴隸起義。西元前104年，西西里西部赫拉克利城附近的奴隸在薩維阿斯領導下首先發動起義，後在卡普里恩山建立根據地，並擊潰涅爾瓦派來的軍隊。不久，在利利貝附近又聚集了一支在阿鐵尼奧領導之下的起義隊伍。為了聯合起來進行戰鬥，這兩支起義隊伍在特里奧卡拉城會師，並在該城建立政權，共推薩維阿斯為王，取號「特里豐」（Tryphon），阿鐵尼奧為軍事統帥。下設議事會，作為共商大計的機構。大批奴隸和農民投奔起義隊伍，起義力量迅速壯大，薩維阿斯挑選強壯的奴隸組成2萬步兵和2,000騎兵的起義軍。西元前103和前102年，起義軍先後擊敗了兩個執政官帶領的羅馬軍隊。這時，起義烽火燃遍西西里大部分地區。起義軍分兵出擊，四處活動，搗毀大莊園，襲擊行省機構，毀壞驛站，切斷城鄉交通聯繫。

不久，起義者遇到了不利情況。薩維阿斯在西元前102年不幸死亡，使起義者失去了一位傑出領袖；糧食匱乏也使起義者面臨困境。羅馬在戰勝日耳曼人後，便集中力量鎮壓

奴隸起義。西元前 101 年，執政官阿克維里烏斯率領大批軍隊進攻起義軍，在墨薩納附近發生激戰，阿鐵尼奧英勇犧牲，起義軍敗退特里奧卡拉。不久特里奧卡拉陷落，許多奴隸被俘後都被釘死，剩下一千名奴隸堅持戰鬥，後來受騙歸順阿克維里烏斯，竟被賣為角鬥士。他們發現受騙後，互相刺殺而死。

西西里兩次奴隸起義，雖然最終都歸於失敗，但卻有著重要的歷史意義。起義奴隸曾建立自己的政權和軍隊，象徵著羅馬奴隸起義戰鬥發展到較高水準。西西里奴隸起義沉重地打擊了羅馬奴隸主階級的統治，揭開了共和後期大規模社會戰鬥的序幕，產生了廣泛而深遠的影響。

# 斯巴達克斯起義：反抗的怒吼

在西元 1 世紀時的羅馬，奴隸主們最喜歡的娛樂方式就是觀看經過訓練的角鬥士互相之間或者與猛獸之間進行的搏鬥。那些角鬥士的境況十分悲慘，他們不是倒在同胞的刀下，就是成為野獸的食物。

在羅馬，每年都要舉行角鬥比賽，身體強壯的奴隸往往被送到角鬥士學校培訓，然後在大劇場或公開場所彼此角鬥，或與野獸搏鬥，而奴隸主貴族則在觀看角鬥時得到快樂。角鬥士們受著密切的監視，一舉一動都受到嚴格的限制，他們的腳上還帶著沉重的枷鎖。他們的命運是注定死亡，因為他們隨時可能在競技場上喪生，他們不啻是緩期執行死刑的犯人。

到了西元前 73 年，忍無可忍的角鬥士奴隸們終於爆發了羅馬歷史上規模最大、影響最為深遠的斯巴達克斯起義（Third Servile War）。

那是西元前 73 年的一個深夜。羅馬中部卡普亞城的角鬥士的鐵窗內突然發出可怕的慘叫，在寂靜的夜晚裡顯得格外悽慘。三名衛兵急忙趕了過去，隔著鐵窗厲聲問道：「幹

什麼？找死啊！還不老實睡覺！」

一名角鬥士伸出腦袋說：「打死人了。高盧人打死了我們的夥伴。他被我們制服了，你們看該怎麼處理他？你們不管，我們就勒死他。」衛兵拿著油燈一照，果然是死了一個人，另一個人正被幾個人反扭著手。士兵說：「把他交給我們吧。把死人也抬出來。」邊說邊開了門。說時遲，那時快，角鬥士們迅速擊倒他們，拔出他們身上的短劍，衝出牢門。沉重的鐵門被一扇扇開啟，角鬥士們揮舞著鐐銬向屋外衝去。

「向維蘇威跑啊！」只聽一聲高昂的呼喊聲劃破夜空，角鬥士們蜂擁著向外跑去，消失在夜幕中。

這次角鬥士起義的領袖便是斯巴達克斯。他本是希臘東北的色雷斯人，生得英俊健美，勇毅過人，在一次反羅馬的戰鬥中被俘，淪為奴隸。因他聰明，富有教養，體格健壯，他的主人把他送進角鬥士學校，想把他訓練成一名出色的角鬥士。在角鬥士學校，他以他的勇敢和智慧，成了角鬥士們的精神領袖。他利用一切機會勸說角鬥士們為自由而死，而不應成為羅馬貴族取樂的犧牲品。結果卻不慎洩密，於是他決定提前行動，結果有 78 人衝出虎口。

斯巴達克斯率領這批人登上維蘇威火山，並安營紮寨。維蘇威火山已有幾個世紀沒有爆發過了，山上長滿各式各樣

的樹和野果，是起義者們極好的藏身之地。他們沿著一條小路，翻過幾道連動物都難以上來的峭壁，才到達一個平坦的山岡。斯巴達克斯望著能容下很多人的山岡，長長地噓了口氣。他遙望山下，眼中溢出幾顆熱淚。和他一起逃出來的角鬥士們看著斯巴達克斯，不知他為什麼傷心。斯巴達克斯擦去眼角的淚水，對著天空喊道：「自由！自由！我們現在有了自由！自由來之不易！從今天開始，我要和大家一起向剝奪我們自由的奴隸主們宣戰！」

安營紮寨之後，斯巴達克斯立即對山下的奴隸主進行攻擊。他的隊伍神出鬼沒，不時襲擊附近奴隸主的莊園。但對於和他們一樣命運的奴隸，卻表現出極大的同情心。周圍的奴隸聽說維蘇威火山有自己的隊伍後，紛紛前來投奔，奴隸起義軍很快就擴充到近萬人。他們殺富濟貧，令當地的奴隸主聞風喪膽，談虎色變。

西元前 72 年春，羅馬元老院派克勞狄率領 3 萬軍隊前往鎮壓。斯巴達克斯早就知道元老院會派軍隊前來鎮壓。他及時制定了計畫，準備引誘克勞狄上山，再一網打盡。哪知克勞狄根本不上當，只封山，不進攻。斯巴達克斯可真傻了眼，如果這樣拖下去，一旦山上的糧食吃光，起義軍就會不戰而敗。斯巴德克斯連著幾夜都沒有睡好。清晨，他又倒背著雙手，皺著眉頭，在山間的小路上走來走去。忽然他望見

一個戰士正在用牛皮、草藤修復破盾牌。修好之後，那個戰士還用一根長劍戳了戳盾牌。斯巴達克眼睛一亮計上心頭，他衝過去一把握住那個戰士的手，連聲說：「謝謝你為我出了這個好主意。」說完，斯巴達克斯就興奮地跑回了大帳。

第三天深夜，夜色正濃，斯巴達克斯帶領著眾人從懸崖上下來了。

原來，斯巴達克斯和大家花了一整天的時間，用樹藤編了一條條非常結實的繩子。他們把繩子的一頭繫在了懸崖邊的大樹上。然後，每個人就沿著繩子滑下來。如此一來，所有的戰士就到了敵人後方。而敵人此時正蒙頭大睡，一點都不知道。這一仗，斯巴達克斯大獲全勝，一下子就把士氣提升了起來。來投奔他的人更多了，不久隊伍就達到了7萬人。

首戰大勝，起義軍士氣大振。斯巴達克認真地分析形勢，在敵強我弱的情況下，要在羅馬本土建立政權是很困難的。因此，他決定把起義軍帶出義大利，擺脫羅馬的奴役。

起義軍向義大利北部浩浩蕩蕩地進軍，準備翻過阿爾卑斯山，進入羅馬勢力尚未到達的高盧地區。

羅馬元老院不甘心自己的失敗，又派遣大約一萬多人兵分三路前來追擊起義軍。雙方交戰後，斯巴達克斯先後打敗了羅馬的兩支敵軍。

## 戰爭篇章

　　由於連續作戰，起義軍在適當休整時，被另一支敵軍圍困在一個山坳裡。敵人興高采烈，以為已經置起義軍於死地了。深夜的時候，斯巴達克斯又想出一條妙計。起義軍把敵人丟下的一具具屍體綁在木樁上，旁邊點燃篝火，遠處看去像是一個個哨兵在站崗，同時又留下幾名號兵在吹號，起義軍似乎仍被圍困在山裡。起義軍在敵人的鼻子底下，靜悄悄地沿著崎嶇的羊腸小道，衝出了敵人的包圍圈。天亮時，羅馬軍隊發現中計，急忙率軍緊迫，中途又遭到起義軍埋伏隊伍的伏擊，損失慘重。斯巴達克斯突破敵人的多次圍迫堵截，繼續北上。西元前 72 年時，起義軍發展到了 12 萬人，阿爾卑斯山已經遠遠在望了。阿爾卑斯山高聳入雲，終年積雪，氣候惡劣，大隊人馬要翻過山去困難重重。也許是因為這一具體情況，斯巴達克斯放棄了翻越阿爾卑斯山、進入高盧地區的計畫，他突然掉轉頭來，揮師南下，準備渡海到西西里島。

　　羅馬元老院原先是千方百計不讓斯巴達克斯起義軍跑出義大利，現在變成千方百計不讓他進入義大利中心了。羅馬士兵在起義軍經過的路上設起防線，但抵擋不住士氣高昂、如猛虎下山般的起義軍。羅馬元老院派出兩位執政官去鎮壓，但都敗北。羅馬全國處於緊急狀態。元老院選出大奴隸主克拉蘇擔任執政官，率領六個兵團的兵力去對付起義軍。

西元前 71 年整個夏季，克拉蘇是在與起義軍作戰失利的情況下度過的。為了整頓軍隊，克拉蘇恢復義大利軍殘酷的「十一抽殺律」：臨陣脫逃的士兵，每十人一組，每組抽籤處死一人。士兵為了活命，又重新鼓起勇氣，提高了克拉蘇部隊的戰鬥力。斯巴達克斯部隊迅速挺進到義大利半島的南端。斯巴達克斯在滔滔的大海邊與海盜談妥，由後者用船把起義軍運往西西里島。海盜們得到了銀財，發下誓言，但到約定時間卻不見蹤影，原來他們被西西里總督收買了。這一背信棄義的行為把起義軍置於絕境。但斯巴達克斯並未喪失信心，他組織起義軍自己製造木筏，在木筏下綁紮木桶，代替船隻渡海，但海上的大風暴又使這一計畫落了空。起義軍被圍困了。克拉蘇是個老奸巨猾的傢伙，為了阻止奴隸起義再度北上，他命士兵挖了一條橫過整個海峽的壕溝，寬深各 4.5 公尺，溝邊還修築了高大而堅固的防護牆，用以阻擋起義軍突圍。

西元前 71 年初秋的一天，斯巴達克斯與敵軍展開了生死決戰。6 萬多起義奴隸壯烈犧牲，斯巴達克斯和上萬名起義軍也被團團圍住。但起義軍戰士仍在勇敢地戰鬥著，他們怒吼著，一次又一次想突出重圍。

斯巴達克斯騎著黑色駿馬，不顧一切地和敵人激戰著。突然，一個羅馬軍官在他後面猛刺了一槍，他的腿部受傷，

## 戰爭篇章

　　跌下馬來，戰士們立即衝上去搶救他。戰士們懇求斯巴達克斯騎馬衝出重圍，但斯巴達克斯用短劍刺死了馬，發誓和戰士同生死，共命運。他屈下一隻膝，舉盾向前，還擊來進攻的敵人，直到他和包圍他的敵人一起倒下為止。

　　斯巴達克斯全身被刺十幾處，壯烈犧牲了，六千多名被俘虜的奴隸全部被嗜血成性的克拉蘇釘死在從卡普亞到羅馬城一路上的十字架上。就這樣，**轟轟**烈烈的斯巴達克斯起義被鎮壓了。

　　斯巴達克斯領導的起義雖然失敗了，但卻沉重地打擊了羅馬的貴族統治。

# 建築藝術的巔峰

## 千人大浴場：古羅馬的奢華

古羅馬人對洗澡有特殊的嗜好，在很早以前，古羅馬人就建了許多極其考究的大型浴場，將沐浴溫泉作為養生與享受的一種方式。浴場在古代羅馬不僅是保持個人衛生的洗浴場所，還是一個具備休閒、社會活動、交際等多重功能的公共場所，它是一個由不同功用的建築組合而成的建築群，也是反映古羅馬建築最高成就的代表之一。

古羅馬的公共浴場是當時建築中功能、結構和施工技術最複雜的一種建築群。浴場容納人數很多，也跟劇場一樣是供民眾使用的，發揮著民眾俱樂部的作用。

這種浴場在共和國後期開始出現，最初可能是從城市或神廟附近公用的某種溫泉浴池轉化而來，通常只有一兩個較大的熱水浴池；由於要經得住水氣侵蝕，因此一開始便採用磚石結構，以圓形為主，屋頂也多用穹隆圓頂。

到了帝國初期，浴場規模發展得龐大而複雜，大型的皇室浴場增設圖書館、演講廳和商店等，還有很大的交誼廳和運動場所。建築一律用磚石、水泥和拱頂等物建成，中央大廳寬敞明亮。羅馬建築追求空間效果和華美裝飾的特色與多

樣化的用途，配合得可謂完美無缺。

西元 2 世紀初，敘利亞建築師阿波羅多洛斯設計的圖拉真浴場確定了皇家浴場的基本形式：主體建築物為長方形，完全對稱，從軸線上看分別是熱水廳、溫水廳和冷水廳；兩側各有入口、更衣室、按摩室、塗橄欖油和擦肥皂室、蒸汗室等；各廳室按健身、沐浴的一定順序排列；鍋爐間、儲藏室和奴隸用房在地下；浴場地下和牆體內、拱頂內設有管道通熱氣和煙以取暖。

之後各代修建的卡拉卡拉浴場、戴克里先浴場和君士坦丁浴場，均大體仿此建造。這幾個浴場的主體建築都很宏大，其中卡拉卡拉浴場是羅馬帝國時期遺留下來保存最完好的浴場，也是同類建築中規模最大、設備最完善、結構最先進的浴場。浴場長 216 公尺，寬 122 公尺，可容納 1,600 多人；戴克里先浴場長 240 公尺，寬 148 公尺，最多可容 3,000 人。它們的溫水廳面積最大，用三個十字拱頂覆蓋，是古羅馬結構技術成就的代表作之一。在各種類型拱頂覆蓋下的廳堂，形成室內空間的排序，它們的大小、高低、形狀、明暗、開合都富有變化，對之後歐洲古典主義建築有很大影響。卡拉卡拉浴場以其規模、技術、工藝贏得了羅馬建築史上里程碑式建築的地位。

浴場的主體建築物後面是體育場，其餘三面是花園，再

## 建築藝術的巔峰

外面其四周都有建築物，整個浴場占地面積很大。戴克里先浴場面積達 11 公頃之多。西元 4 世紀時，羅馬城共有大型浴場 11 個，中小型浴場 800 多個。

帝國滅亡後，皇家建造的大浴場多數遭到破壞。只有卡拉卡拉、君士坦丁、戴克里先等少數浴場倖存下來。16 世紀，戴克里先浴場高大的溫水廳，被改為天主教堂，保存至今；它東側的幾個廳堂現為博物館，西側的兩個圓廳亦成為教堂，還留存一些半圓龕和牆垣。雖說這個大浴場如今已面目全非，然而人們在此駐足仍不難想像出它昔日的壯麗和輝煌。

# 地下「死城」──赫庫蘭尼姆

赫庫蘭尼姆古城（Herculaneum），之所以被稱為地下「死城」，是因為它毀於火山爆發。它又名海格力斯，以希臘神話傳說中的英雄海格力斯之名命名。在歷史上，它曾被義大利幾個不同的民族相繼統治過。西元前 89 年，它同龐貝城一起被羅馬人占領，成為古羅馬的一個屬地。當時占地面積約 23 萬平方公尺，人口達 5,000 人。

西元 79 年 8 月 24 日早晨，那不勒斯海灣晴空萬里，陽光明媚。在海濱聖地赫庫蘭尼姆古城，麵包師塞克斯塔斯帕特卡斯正在麵包房烘烤著麵包和糕點；修理店裡，修理師正在修理一個銅燭臺和一尊油神銅像；蔬菜水果販奧拉斯法菲熱斯正利用穹稜拱頂的構造往水果和蔬菜上灑水；一位雕刻師正在加工一塊美玉，一個生病的孩子躺在珠寶店後面的一所房子裡，手不停地揮舞，嘴裡不停地叫著，好像是想得到桌子上他愛吃的雞大腿和一堆胡桃；離這裡不遠處，一個粗壯的搬運工正在造船廠搬運一箱貨物，一個十四歲的小保母正在照看僅十個月大的嬰兒；十字路口的小吃店裡，小店員正在屋子的牆上潦草地寫著送酒的次數和日期；而他的隔壁

### 建築藝術的巔峰

住著帕吐姆那斯和他的情侶艾菲安達。艾菲安達正在聚心會神地畫著一幅角鬥士與鹿角鬥的素描，而她的情人──帕吐姆那斯在一旁深情地注視著她。突然，帕吐姆那斯走到房間的斜坡處，在牆上寫下了一些簡單的單字：帕吐姆那斯愛艾菲安達……整個城市的居民處在寧靜歡快的氣氛之中。

中午，赫庫蘭尼姆古城的居民感到大地在震顫，並聽到震耳欲聾的爆炸聲和雷聲。抬頭望去，只見東面四公里遠處的維蘇威火山口衝出一股蘑菇狀的煙柱，霎時間遮天蔽日，天昏地暗，滾燙的岩漿以每小時 100 公里左右的速度迅速地湧向這座城市，其溫度大約高達攝氏 900 度。

驚恐萬分的居民爭先恐後地湧向海灘，沿海濱或乘船逃命。當維蘇威火山平靜下來時，赫庫蘭尼姆古城已經被掩埋在厚達 20 多公尺的黑色岩漿下面。維蘇威火山噴發後 18 小時，即清晨 6 點鐘左右，下起了暴雨，赫庫蘭尼姆古城頓時成了一片水鄉澤國：在此之前，跑到海灘的赫庫蘭尼姆古城居民還以為他們能夠倖免於難。不料，暴雨沖毀了山坡上的森林，以每小時約 200 公里的速度，從維蘇威火山直接撲向赫庫蘭尼姆古城，霎時間城市被淹沒於 20 公尺深的洪流之下。當暴雨引起的洪流洶湧而來時，驚慌失措的人們才沿著狹窄的街道向港灣跑去；然而，火山爆發同時引起了海嘯，人們從海上逃生的路也被切斷：洪流首先沖毀了東北面的城

## 地下「死城」—赫庫蘭尼姆

牆,接著沿著赫庫蘭尼姆的大街小巷奔流……

不知過了多長時間,大水終於退去了,而泥沙也封埋了整個城市。

幾個世紀過去了,赫庫蘭尼姆古城與 11 公里外的龐貝古城逐漸被遺忘了,直到 1709 年,工人們在「死城」挖井時,發現了古時劇場的舞臺,進一步挖掘後,發現了眾多的大理石構件。赫庫蘭尼姆就這樣很偶然地被發現了。當時,義大利正被奧地利軍隊占領。奧國一親王聞訊後下令士兵開挖隧道,以便獲取漂亮的大理石去建造他正在動工興建的別墅。

到了 1738 年,義大利皇家圖書館館長、人文學家唐馬塞羅凡努提侯爵開始在赫庫蘭尼姆古城挖掘。他採取井巷式的挖掘方法,清理出土了三個穿長袍的羅馬人的大理石雕像、一些彩色圓柱和一匹青銅馬的軀幹。同年 12 月 11 日,找到一方銘文,從而了解到有個名叫魯福斯的人曾出資興建「海格力斯劇場」。

到了 1927 年,義大利政府決定對赫庫蘭尼姆古城進行分階段的挖掘,赫庫蘭尼姆古城的原貌得以逐步顯現出來。赫庫蘭尼姆古城建在由維蘇威火山流下的兩條溪流之間的高地上,四周高牆環繞。因此當維蘇威火山爆發時,灼熱的岩漿首先襲擊了赫庫蘭尼姆古城。在它成為泥流熱海中的孤島

## 建築藝術的巔峰

時，七個小時後，龐貝城也被淹沒。由於赫庫蘭尼姆古城受維蘇威火山上流下的豐富地下水浸潤而保持潮溼的泥土的影響，使它保存得比被火山灰和浮岩覆蓋的龐貝城要好得多。許多日常生活中容易腐爛的東西，由於保持了一定的溫度和溼度，同時又受不到空氣的影響，儘管曾經被熾熱的岩漿炙燒過，但仍和已經出土的四個行政區，以及石頭街、古羅馬廣場、長方形大會堂和一半的競技場一樣保存完好，挖掘出來時幾乎與掩埋時沒有什麼兩樣。

由於落在龐貝城上的火山灰和浮岩比較疏鬆，掩埋得較淺，平均只有 3.6 公尺深；而覆蓋在赫庫蘭尼姆古城的熔岩混雜有許多巨大的岩石，掩埋得較深，平均深達 20～26 公尺，因此為挖掘工作帶來了許多想像不到的困難，但是，卻保護了赫庫蘭尼姆古城。它雖然使木料碳化，卻沒有毀掉木頭，因此，許多門窗在原來的位置上仍可隨意開關，青銅汲水機依舊可以運轉自如。而且，它們還阻止了早年挖掘者的瘋狂尋寶和破壞活動。

# 瞬間凝固的龐貝古城

龐貝古城（Pompeii）是義大利的一座歷史悠久的古城，也是古羅馬的一大驕傲，座落於義大利西南角的那不勒斯海灣。

世界上很少有地方會像那不勒斯海灣一樣擁有如此豐富的自然資源。這裡享有充沛的水資源，有富含礦物質的火山灰，有義大利半島上最肥沃的土地，一年內可以有兩季或兩季以上的收成。這裡的氣候溫和，冬季短暫，春秋漫長，夏季由於海風的緣故不太炎熱。海灣則提供了優良的錨地，漁民因此收穫頗豐。

距今約兩千年前，就在義大利那不勒斯海灣這塊富饒的土地上，在維蘇威火山的南面，坐落著一個叫龐貝的小鎮。最早在這裡居住的是奧斯克人。西元前 6 世紀，希臘人來到了這裡，帶來了先進的希臘文明；接著從義大利中部的托斯卡納地區又來了一批人，他們帶來義大利本土最古老的伊特拉斯坎文明（Etruscan civilization）。龐貝就是在希臘文化和伊特拉斯坎文化的共同哺育下成長起來的。西元前 3 世紀，龐貝歸屬羅馬共和國。發展到奧古斯都帝國時期，龐貝已經

## 建築藝術的巔峰

成為十分繁華的商業城市和遊覽勝地。西元 1 世紀時，羅馬帝國的內外貿易發達，龐貝成了往返船隻的重要停泊裝卸之地。至西元 62 年，龐貝古城人口已增加到 25,000 人。

雖然被掩埋了 1700 多年，但是透過這些殘存的列柱仍可窺見龐貝城的昔日風采。龐貝背山面海，風景秀麗，羅馬最富有和最高貴的家族紛紛在這裡建起極其奢華的鄉村別墅，著名的政治家和演說家西塞羅（Cicero）在附近就擁有三處地產。

當時的龐貝古城建築在一個面積約 63 公頃的橢圓形臺地上，東西長 1,200 公尺，南北寬 700 公尺，周長 3,800 公尺。城牆用石頭砌成，磚石城牆長達 3 公里，四周共設 8 個城門，其中東、南邊各有 2 個，西邊 1 個，北邊 3 個；另有 14 座城塔。當時最重要的城門是離海較近的西城門，即瑪麗娜門，在義大利語中是「通向大海之門」之意。街道用石板鋪築，街石的上面留下兩道深深的車轍印，顯示了龐貝城的繁華。主街寬約七公尺，兩旁建有人行道。人行道上，每隔一步就埋著一塊高出路面的石頭。這是為了方便雨天時行人走路用的。在每個較大街道的十字路口，都安裝著一個半人高、帶有雕像的石製水池，出土於龐貝城的《海洋生物》地面鑲嵌畫，描繪了海洋中各種生物的形象，由大量的小石片、玻璃、黑陶等鑲嵌而成。它們連上一條長長的用磚石砌

成的渡槽，把城外山頂上的泉水引進城來，供居民飲用。全城街道筆直，城內的四條交叉成「井」字形的主要街道將全城共分為九個區；第一、二區在南部，這一帶有著名的龐貝競技場；第三、四、五、九區在東北部，屬尚未開發地區；第六、七、八區均靠西部，六區在西北，是古城政治、經濟和宗教中心；八區在西南，七區在六、八區之間，這三個區屬市內繁華地帶，大小劇院在第八區。

順瑪麗娜大街前行不遠，就是著名的龐貝廣場。龐貝廣場是城市公共生活、宗教活動和商業的中心。它占地約15,000平方公尺，南北長142公尺，東西寬83公尺，四周圍有帶頂的柱廊。柱高十餘公尺，兩人合抱的粗度。北端正中為羅馬主神朱比特神廟，兩角有圖里烏斯皇帝以及蓋爾瑪尼可斯的兩座凱旋門。南邊是市議會，還有奧古斯都、克勞狄、尼祿等皇帝的塑像。廣場東南位置，有一座公眾集會場所，正東有維斯帕先皇帝神廟和拍賣行，東北是市場。廣場西側南端有座長方形的兩層大樓，大樓北鄰就是著名的太陽神阿波羅的神廟。廣場西北角還有一所公共浴場。

龐貝城中繁華地帶的第八區建有大小兩座露天劇場。大劇院可容納5,000人，是西元前三世紀按古希臘劇場樣式修建的。小劇院位於大劇院對面，約有1,200個座位。古時候，這裡是表演戲劇和演奏音樂的場所。競技場位於龐貝

## 建築藝術的巔峰

城東南隅，建成於西元前 15 年，可容納 12,000 人，設有包廂，被認為是古羅馬此種樣式建築中最早的一個。競技場附近有一座商業性花園，裡面有植物標本、澆水器具、花粉和香水瓶等，它們是用來製造香水的。

龐貝城中已挖掘出的三座公共浴場都還算是完整。在古羅馬時期，浴場不僅僅是講究衛生的地方，也是公眾聚會的重要場所。那裡還設有閱覽圖書以及進行體育活動的地方，因而建造費用高昂，市政當局便籲請富裕公民出資捐助，並在浴場牆壁上鐫刻所有捐獻者的姓名。

公共浴場用大石塊砌成拱形屋頂，牆壁是磨光的凝灰岩。每個浴室分男女兩間，各有更衣室、冷水浴室、溫水浴室和熱水蒸汽浴室。整個浴室內部的陳設和裝飾非常講究，柱廊屋簷有浮雕、壁畫和雕像，還做了石躺椅。令人驚奇的是，在女浴室裡還裝有專門洗嘴唇的小噴泉。這些公共浴池使用統一集中的鍋爐燒水，再把水分送到男女浴室。浴室的天花板砌成圓拱形，使室內水蒸氣上升到天花板後凝結成水滴，然後順著圓拱頂緩緩流下，進入牆壁上專門挖出的一條小水槽中，而不致滴到浴客們的身上。

那時期豪華住宅建築在龐貝蔚為風氣，其中，最有代表性的是維提之家（House of the Vettii）和福諾之家。維提之家以闊綽著稱，建築模仿西元前 4 世紀的風格，力求古雅。

福諾之家建得也是十分氣派，院內有表現主人福諾歡快起舞的大銅像，還有由 28 根石柱支撐著的拱形環廊。在他的客廳中安放著著名的巨幅鑲嵌畫《伊蘇之戰》，畫作生動地表現了西元前 333 年伊蘇戰役中，馬其頓國王與波斯國王戰場拚殺的場面：畫作寬 6.5 公尺，高 3.8 公尺，據說用大約 150 萬塊彩色玻璃和大理石片鑲嵌而成。還有一座「祕儀別墅」，別墅裡住著 29 名女性。她們都有著健美的身軀，正在舉行著對酒神戴歐尼修斯（Dionysus）崇拜的宗教儀式。

可容納 1,200 名觀眾的室內劇院，這些建築中有些被西元 62 年的大地震毀壞。

龐貝城中，除瑪麗娜大街外，還有一條著名的「豐裕大街」。街上有呢絨、珠寶、香料、玻璃、石雕、鐵器等作坊，店鋪林立，商店、酒店、旅店遍布於大街小巷。商品琳瑯滿目，生意興隆。在一家小酒店裡老闆正在計算著今天的營業額和一些顧客賒帳的錢款數；一個藥店的櫃檯上，一盒藥丸變成了碎末，旁邊還有一根藥劑師搓藥丸時來不及收起來的小圓藥條；麵包房的一座烤爐中，還有一塊印有麵包商名字的烤熟麵包……「豐裕大街」的盡頭是全城最大的建築物法院大樓。法院大樓同時也是商會所在地，當地的產品及中國的絲綢、非洲的象牙等都在此洽談成交。

當時在龐貝生活的達官貴族們使用「蠟版書」進行交

## 建築藝術的巔峰

流。「蠟版書」的製作其實很簡單：先用象牙、骨頭和金屬製成的針，在嵌入方木板的蠟版上寫字，再把多塊木板用繩穿訂起來，便成了一冊板書。

繁華的龐貝城就連空氣中都瀰漫著休閒和享樂的氣氛，這裡的人們生活得如此舒適而安逸，可是他們做夢也沒有料到，厄運正悄悄降臨到他們的頭上，而這厄運正來自那座與他們相依相伴、沉睡了幾個世紀的維蘇威火山。

維蘇威火山，它的爆發將龐貝的繁榮毀於一旦。

維蘇威火山是世界上最活躍的火山之一，海拔 1,280 公尺，位於龐貝城西北十幾公里處。有詳細文字記載的地球上第一次火山爆發，就是維蘇威火山。可是，在西元初年，著名的地理學家史特拉波（Strabo）根據維蘇威地貌特徵，斷定它是一座死火山，當時的龐貝人完全相信史特拉波的這一論斷，對維蘇威火山滿不在乎。火山的兩側種上了綠油油的作物，平原上到處遍布著檸檬林和橘子林，還有其他果園和葡萄園。雖然有時溫度比較高，但並不被認為是什麼不詳的徵兆。人們在山坡上種植果園，開墾牧場，動物們在山頂的灌木叢裡奔走。到西元 79 年災難來臨之前，火山周圍的居民與它已經平安相處了一千多年。

然而，地球自誕生之日起，就處在不斷的運動變化中，漫長的歲月裡，來自地球內部的巨大壓力逐日積聚，使得構

成地殼的兩大板塊——非洲大陸和歐亞大陸之間不斷地擠壓碰撞，從而使得地中海海底的邊緣向地球內部深陷，維蘇威火山及義大利西岸的一系列火山就是這種地質運動的產物。所以，雖然被稱為「千年死火山」，維蘇威火山還是有隨時甦醒、爆發的可能，而且其威力和殺傷力無法預料。

西元62年，龐貝及其附近地區發生了第一場大地震，房屋和別墅倒塌，城市管道系統被破壞，許多人喪生於瓦礫中，六百頭羊被大地吞噬，雕像從底座上墜落，被摔得粉碎，到處都是驚慌失措的人們，以至於當時的羅馬皇帝曾考慮要遺棄這個地方。

這次地震其實是維蘇威火山甦醒的一個前兆，地球內部被禁錮已久的壓力終於快要釋放了。然而，人們並沒有認知到這一點，他們只是在震後積極努力地重建家園，像往日一樣地忙碌著。不知不覺之中，陰霾已經籠罩了這塊土地。

隨著地球內部壓力的逐漸升高，維蘇威火山周圍的地區發生了多次的震動，水井乾涸了，地面上的動物焦躁不安，一些經歷過西元62年地震的人們，紛紛收拾財物逃離這個地方。8月24日凌晨，毀滅性的災難終於降臨。火山灰開始從火山口上溢出，沉睡了千年的惡魔慢慢伸起了懶腰。下午1點鐘左右，先是有一片奇特的雲彩從山頂冉冉升起，向四周擴散，接著傳來震耳欲聾的爆裂聲，維蘇威火山如一門

## 建築藝術的巔峰

　　沖天火炮，以大約音速兩倍的速度噴射出高達十七英里的濃稠熔漿。熔漿在空中被粉碎成小顆粒，擴散成一個大雲團，隨著氣流向東南方向移動，很快籠罩了附近幾個城市。

　　火山噴出的大量熱蒸汽形成的雨水傾盆而下，山洪沖刷著山石泥土和火山灰，巨大的土石流順著山谷奔瀉而來，空氣中瀰漫著嗆人的硫磺和濃煙味。看到災難來臨，火山邊上的龐貝城裡陷入一片恐慌，大多數人藉助各種交通工具選擇了逃離，但仍有千餘人留了下來，他們有的是為了找尋親人，有的是因為留戀家鄉的財產，還有一些行動不便的老弱病殘。

　　只花了幾個小時，覆蓋在龐貝表層的浮石和石頭就已經厚達一英尺，建築物開始倒塌，人們或被浮石擊中，或被壓在塌陷的建築物下，或葬身於火災爆炸之中。當時擔任羅馬騎兵指揮和艦隊司令的普林尼，正帶著他的艦隊駐守在那不勒斯灣西北角的米舍諾。火山爆發後，他曾率領數名下屬乘一艘大船前往檢視，被急遽湧來的火山石擊中，中毒窒息而死。而他的外甥及繼子、著作家小普林尼則倖免於難。隨著更多的岩石顆粒飄落下來，龐貝地面浮石的厚度也在以驚人的速度增長，達到了每小時增厚六英尺的速度。驚慌失措的人們在越積越多的浮石上爬行，有些人則簇擁到了還未被岩石壓垮的屋脊下。這是一個災難的時刻。

在一座富豪宅邸中，房子正在修繕，主人家和工匠在災變時都躲入一條過道裡，全部死在一起，慘不忍睹。近郊一座別墅裡，主人和奴隸共20人都在災變時躲入地窖，結果同歸於盡，情景十分悲慘，一切似乎都發生在昨天⋯⋯

　　隨後的幾個小時裡，火山先後猛烈噴射了六次之多，熾熱的火山雲團席捲了整個龐貝，所到之處，人和動物無一倖免。處於死亡邊緣的人們呼喊著、掙扎著，乞求庇佑之神的降臨，可惜這次黑暗真的降臨了人間。最後一次噴發的火山灰幾乎覆蓋了城市所有剩餘的一切，也掩蓋了人們痛苦不堪的最後掙扎。堅持了18個小時後，維蘇威火山的勢頭開始減弱，而此時的龐貝早已從人們的視野中消失了，成為了一片廢墟。

## 石頭之城 —— 佩特拉的奇蹟

英國著名詩人威廉培根曾經寫下過這樣兩行詩句:「令我震驚的唯有東方大地,玫瑰紅牆見證了整個歷史。」一位考古專家曾經說過這樣兩句話:「這是個一流的考古地,一個中東最大的考古寶藏。」究竟是個什麼地方能如此值得人們關注和歌頌呢?原來是石頭之城 —— 佩特拉(Petra)。

佩特拉的主人是納巴泰人(Nabataeans)。納巴泰人是阿拉伯游牧民族,約在西元前 6 世紀從阿拉伯半島北移進入阿克巴灣地區(現今的約旦和南敘利亞境內),他們在這裡建造了眾多的安居地,並把佩特拉作為了首都,因為這裡既有典型的策略優勢 —— 唯一的入口是狹窄的山峽,正所謂一夫當關萬夫莫開,又有豐富的資源環境 —— 水源充足、森林繁茂、牧草旺盛。

而且,佩特拉位於亞洲和阿拉伯去歐洲的主要商道附近,來自世界各地的商人們押運著滿載貨物的駱駝隊經過這裡,把阿拉伯的香水、經波斯灣輸入的印度香料、埃及的黃金以及中國的絲綢運往大馬士革、泰爾以及加沙等地的市場。西元前 4 世紀,這裡成為了一個重要的商業城市。

西元前 2 世紀，納巴泰達到了全盛時期，王國領土由大馬士革一直延伸到紅海地區。納巴泰人的文字逐漸演化成了當代阿拉伯文字，在當今大部分阿拉伯世界中廣泛使用。西元前 80 年至前 65 年，國王阿爾塔斯二世統治時期，納巴泰人鑄造了自己的錢幣，建造了希臘式的圓形劇場，佩特拉城揚名於古代世界。納巴泰人不僅從事貿易，還製造並且出口精美的陶器 —— 他們的泥器細薄精緻，裝飾著樹枝樹葉之類的自然圖案。無論何地，甚至遠至中國，只要有駱駝商隊，只要有貿易團體，人們都聽說過神話般的石頭之城 —— 佩特拉。

西元 106 年，羅馬人奪取了佩特拉，城市及周邊地帶成了羅馬帝國的一個省，稱作阿拉伯人佩特拉區。它是羅馬帝國最繁榮的一個省，羅馬工程師們鋪築商道，改進灌溉設施。佩特拉幾年中創造的經濟效益占羅馬帝國經濟生產收入的四分之一。

但是，羅馬人的入侵也造成了佩特拉的貿易 —— 該城的經濟支柱開始發生變化：越來越多的貨物依靠海上運輸，地中海岸的一座名叫亞歷山大的城市搶走了它的一部分生意；陸地運輸也開始變化，羅馬人在它北部興建了一條大路，連通了敘利亞的大馬士革與美索不達米亞（現今的伊拉克），奪走了更多的運輸貿易。到了西元 3 世紀，佩特拉的

## 建築藝術的巔峰

經濟實力和財富大大減弱。西元4世紀，佩特拉淪為東羅馬帝國的一部分，並成為一座基督教城市，是拜占庭大主教的居住地。西元7世紀，隨著伊斯蘭教在阿拉伯地區的東山再起，阿拉伯人佩特拉區又成了伊斯蘭帝國的一個小省。

但是此時的佩特拉已幾乎處於被遺棄的地步。幾個世紀後，佩特拉這座石城在十字軍東征期間因為被作為軍事要塞，曾經再次興旺起來；但是到了西元12世紀後，佩特拉再次被遺棄。

這個在歷史變遷中載浮載沉極其神祕的城市，最後神祕地隱沒於死海和阿克巴灣（現今的約旦國境內）之間的山峽中，被阿拉伯人稱為「佩特拉廢墟」。外界很少有人造訪此地，因為通往佩特拉的必經之路是一個深約兩百英尺的山峽，這就是《聖經》中提到的荷爾要塞。經過了讓人毛骨悚然的荷爾要塞，就會發現世上最令人驚嘆的建築：這是一個完全由堅固的岩石雕鑿成的、高一百三十英尺、寬一百英尺、比真人還大的塑像，在陽光的照耀下，呈現出亮麗的粉色、紅色、橘色以及深紅色，層次生動分明，典雅動人。由於整座建築雕鑿在沙石壁裡，外襯著黃、白、紫三色條紋，熠熠閃光，無比神奇！這就是著名的卡茲尼石雕。

過了卡茲尼，沿著峽谷向前，這裡有一座隱沒於此的城市：懸崖絕壁環抱，形成天然城牆；壁上兩處斷口，形成這

狹窄山谷中進出谷的天然通道。四周山壁上雕鑿更多的建築物。有些十分簡陋，只能算洞穴；而另一些則大而精緻——有臺梯、塑像、堂皇的入口、多層柱式前廊。所有這一切都雕築在紅色和粉色的岩壁上。這些建築群就是已消失的納巴泰民族的墓地和寺廟。納巴泰人把已故的國王們視為神靈，把他們的陵墓視為神廟，在岩石中開鑿墓地是他們的一種風俗。沒想到的是，這裡的墓地到最後只是被游牧的人當做了遮風避雨的場所。

更不幸的是，西元 363 年，一場地震重擊了佩特拉城，震後，許多建築淪為廢墟；西元 551 年，佩特拉城再次遭受嚴重地震，也許是那次地震震塌了拜占庭教堂；隨後教堂又受到震後蔓延全城的大火襲擊，記載城市歷史的羊皮紙卷也就在火災中被毀壞了。同時火災還毀滅了佩特拉四周山地上的大部分森林。災難過去之後，佩特拉的人們為了建房和獲取燃料砍伐了大量的木材，加上過分地放牧羊群，使森林和草地慢慢消失了，整個地區逐漸淪為沙漠。從此，這座城市開始走向了衰落和隱沒。

建築藝術的巔峰

# 永恆之城：羅馬的象徵

羅馬在西方被譽為「永恆之城」。據傳說，早在西元前753年。第一座羅馬城就修建於義大利的拉丁姆地區，是為羅馬城防建築的開始。當時的城牆是把長方形的大塊岩石先製成一塊塊的磚塊，然後再疊砌而成，磚塊之間的空隙處則用小石塊和碎石子塞滿，再加黏土砌成。西元前6世紀，羅馬人又用磚塊建造了卡比托利山崗的城堡要塞。羅馬早期城防建築構造龐大、結構粗笨，並且要使用較多的人力和物力。西元前4世紀起，羅馬開始走上大規模擴張的道路，羅馬人的城防建築也隨著軍事形勢的發展變化而不斷改進。維愛戰役後，高盧人突然南下，他們打敗羅馬人的軍隊，一度占領除卡比托利山崗城堡要塞之外的羅馬城。儘管高盧人在大肆搶掠一番之後就撤兵了，但這卻使羅馬人痛苦地認識到加強城防建築的重要性。為了提防高盧人再犯羅馬，羅馬人在原先的城防基礎上，建成了周長為10公里、厚達近4公尺、高為7公尺多的城牆。建築城牆的材料是從維愛附近山上採來的大石塊。此外，在地勢險要和交通要道之處還修建了不少堡壘和塔樓，並將臺伯河上的木橋改為石橋，用石料

鋪築了四通八達的道路，並配以橋涵。整個工程至西元前378年全部完成。

在城內各山丘的凹地處，羅馬人建造了中心廣場。這個廣場承襲了古希臘廣場的形式，是全城的政治活動中心。在古羅馬千餘年的歷史中，無數場驚心動魄的政治悲喜劇就在這裡上演。廣場南部的帕拉丁丘是貴族的豪華住宅區，他們在家裡就可以看到廣場上的活動；東北角是宏偉堅固的元老院會堂，元老們在這裡集會，決定國家的大政方針；東面入口處是王政時代的王宮，共和國建立後成為執政官的官邸；廣場北面設立了演講臺，在這裡發表的演說總是最有號召力的。在平民與貴族的戰鬥中，平民們在這裡舉行平民大會，向貴族施加壓力。後來，各種形式的集會都在這裡舉行，因此在西方語言中「廣場」同時具有「論壇」的意思。

羅馬人還在城內修建了古代最早的「自來水」工程。它將水引入城裡，供給居民日常生活、浴場、噴泉等使用。輸水道以石塊、磚和天然混凝土鋪設，用鉛管、陶管和木管作為通入室內的輸水管。西元前312年，羅馬人修建了一條長達16公里的地下引水道——阿匹克勞狄水道，從東郊把泉水引入城裡。西元前144年修建的馬西亞輸水道，首次採用了拱形結構，是羅馬最長的輸水道。

至此，羅馬開始有了堅固的城防建築，可謂固若金湯，

## 建築藝術的巔峰

在此後的近千年裡未再被外敵攻破過,並因此而獲得了「永恆之城」的美譽。

# 羅馬競技場的血腥與榮耀

中世紀的英國詩人貝達曾經這樣評價古羅馬的羅馬競技場（Colosseum）：「圓形競技場崩潰時，就是羅馬滅亡之時。」羅馬競技場以其獨特的建築風格被稱為「古代世界最為宏偉的高超建築」，羅馬人更是以其作為帝國精神的象徵。

羅馬競技場位於羅馬古城區的威尼斯廣場南面，是羅馬帝國時期的皇帝維斯帕先在位時修建的，始建於西元 72 年，歷經 8 年後，由其子提圖斯完成。這個競技場是古羅馬建築風格的典型代表，以其龐大、兼顧、實用和精美而聞名於世，即使經過了 1,900 年的風風雨雨仍然引人憧憬。

在拉丁語中，「科洛西姆」（Colosseum）的意思是「巨大的」，因此人們又稱之為大角鬥場或者圓形大劇場。其實，它的主要用途是角鬥表演，準確地說，它是一個多功能的體育場。然而，不可思議的是，它的牢固耐用的內部構造，精美宏偉的外部設計，即使與現今用先進科技建造的體育館相比都毫不遜色。

這座古代世界規模最大的競技場，外牆高 48.5 公尺，

## 建築藝術的巔峰

相當於現代一棟 12 層大樓的高度。整個外觀呈現橢圓形，長徑達 188 公尺，短徑為 156 公尺，圓周長為 527 公尺，總占地面積達到 2 萬平方公尺。

觀眾席可容納 5 萬人，共分 4 層 4 區，60 排，每層以 62% 的坡度向上升起，全部用大理石裝飾。座位最前面是貴賓席，中間是騎士席，後面的是平民席。因為分有 4 個區，各區的觀眾均是對號入座，所以並不會發生紛亂的現象。第四層上開有 4 個門，西北門為正門，西南側和東北側為皇室家族專用席，裡面設有柱子，用來掛遮陽棚。最高處還有一圈柱廊，供衛士和管理棚頂的人員休息。當有演出的時候，人們會很有秩序地坐滿每個位子：皇帝和他的全家坐在光彩奪目的包廂裡；元老和騎士各自有特別的座位，他們穿著特殊的紫色鑲邊的禮服；戰士和市民分開就坐，如果平民要坐在底部兩排重要的位置上的話，那他就得穿上莊重的白羊毛製作成的寬外袍，這是公民合乎禮儀的衣服。已婚男人和單身漢分開就坐。男孩子們單獨坐在一個區域，他們的老師緊靠著他們坐在鄰近的位子上。

婦女們、穿灰褐色衣服的貧民和穿喪服、戴孝的人只能坐或者站在競技場的頂層。神父和修女們坐在靠前面的位置。衣著的不同和行列的隔離，強調了在這個場合正式禮儀的比重，正如嚴格的座次排列反映了嚴峻的羅馬社會階級差

別一樣——你應該坐在哪個位置上,在哪個位置上就一定能看到你。

羅馬是尚武的民族,自古過慣了殘忍殺戮的野蠻生活,而角鬥的惡習則成為羅馬奴隸主貴族和自由民一項普遍的娛樂活動。

競技場全用磚石、水泥來修築。底下兩層採用巨型石柱和石牆,可承擔巨大的壓力;拱頂用水泥和磚,牢固耐磨;上面兩層全是用水泥,外表再用華石進行裝飾。重量自下而上逐漸減輕,下層最牢固,但上層也很堅實。

競技場的中心是表演區,場地呈現橢圓形,長達 86 公尺,寬約 57 公尺,奴隸們在此表演角鬥或者用來鬥獸,以娛樂觀眾。因為表演區地勢很低,比最前排的貴賓席還低 5 公尺,所以可以灌滿水用來表演舟船海戰。現代的體育館恐怕也很少有這樣多功能的表演區。

古羅馬殘酷的娛樂形式,表現了獸與獸之間的嘶咬,人與獸之間的拚殺。

在表演區下面還設有地下室,大約有 80 個房間,設施齊全,上面有厚實的木板,下面有排水的管道。房間分別為樂隊室、道具室、角鬥士醫務室、獸欄等等。

羅馬競技場宏偉壯觀,它的外部共分 4 層,除最上一層開有小窗的牆面外,其餘各層都開以拱門,每層 80 拱,

3 層共有 240 拱之多,遠看氣勢宏偉,近看則拱門疊錯,虛實相間。而每個拱門兩邊用古典柱子夾插並立所形成的柱式 —— 拱門聯合結構,則將建築的力度與美感結合起來,相得益彰。

# 潘提翁神殿：諸神的殿堂

　　潘提翁神殿（Pantheon）是古羅馬時代最輝煌的廟宇建築之一。

　　「潘提翁神殿」又稱萬神殿、萬神祠，「潘提翁」的拉丁語意即「萬神」，用於供奉眾多神靈，主要是用於崇拜天上星宿代表的希臘、羅馬的天神，特別是包括日、月在內的七大行星。神殿位於古城區北部的萬神祠廣場，原為奧古斯都的女婿阿克里帕所建，是一座有八柱門廊和長方形殿堂的希臘式神殿。萬神殿外表看上去非常樸素，但殿內卻富麗堂皇、氣勢恢宏。羅馬人情有獨鍾的科林斯柱式在萬神殿中得到了充分而巧妙的運用。萬神殿的設計觀念是全新的，它強調內部而不是外部，開創了以寬敞精緻的內部空間為主導作用的紀念性神廟建築新形式。其後此廟被毀僅存門廊。在西元 118～128 年哈德良將其重建時，除了保留之前的八柱門廊外，還一反之前神廟的設計傳統，將長方形殿堂改為通體渾圓的穹窿式。新建後的萬神殿不僅氣勢宏偉，而且在形式上頗有創新。儘管從外表來看，它比較封閉沉悶，然而它的內部結構卻很有特色。整個建築由長方形門廊和後部圓頂大

## 建築藝術的巔峰

廳組成，這種結構不愧為羅馬人的一大創造。前部門廊由兩排科林斯式列柱支撐，後部圓頂大廳是整個萬神殿的中心。之所以採用圓頂殿，可能與圓代表天穹有關。

萬神殿的半球形穹頂之大，可謂古代世界之最。圓殿的平面直徑達 43 公尺，頂端圓點距地高度亦為 43 公尺，內部和諧、穩定而莊嚴。牆面所有閣廊都飾以赭紅色大理石，地面鋪成各色大理石圖案，穹頂上五排共 140 個凹框中有鍍金的銅質玫瑰花。牆體內沿築有八個拱券，其中一個下面是大門，另七個是壁龕，龕內建放諸神靈雕像。萬神殿的主體圓頂大殿既高大又牢固，使人彷彿置身於一個小的宇宙之中。這種圓渾球體的空間自然體現了宇宙的和諧，而這種和諧既能為人的智力所領悟，也能為人的技能所創造，因此它同時也強調了人類作為萬物尺標在宇宙居於中心的重要意義，體現了古典文化中的這種宇宙人生理想。

萬神殿建築形象和諧統一，比例嚴謹完美，結構技巧高超，具有重要的藝術價值和歷史價值，它在建築上對建造具有寬廣內部空間的建築物這一課題提供了完善的範例，始終是穹窿結構的至高典範，為古代建築最偉大的成就之一。它的修建象徵著羅馬建築設計藝術和工程藝術的高超水準，也象徵著羅馬世界的國家氣勢和威風。

# 凱旋門與紀功柱的輝煌

　　凱旋門是炫耀羅馬帝國對外戰爭勝利的紀念性建築，也是羅馬建築特有的形式之一。

　　西元 81 年，提圖斯皇帝為紀念鎮壓猶太人起義的「勝利」，在羅馬廣場的東南角首次建立了一座凱旋門。這座凱旋門形式比較簡單，取單拱門之式，門道兩邊配以倚立的圓柱，上承一道頂閣式的短牆。凱旋門高 15.5 公尺，寬 13.4 公尺，厚 4.8 公尺，整體顯得莊重秀麗，被建築學家公認為最具古典精神的建築。尤其是它的雕刻極為精美，是羅馬城中現存古典浮雕藝術的三大傑作之一，被義大利人視為國之珍寶。

　　西元 114～115 年，圖拉真皇帝為紀念他戰勝安息人又建立了一座凱旋門。圖拉真凱旋門上的雕刻不僅描繪了各種戰爭的場面，而且在頂端建造了一個乘著凱旋戰車的皇帝鍍金青銅雕像。比起提圖斯凱旋門來說，圖拉真凱旋門已經夠豪華了，然而在西元 4 世紀上半葉君士坦丁皇帝在位時建造的凱旋門，比起西元 1～2 世紀的凱旋門則更為豪華。

　　凱旋門反映了羅馬人對征服者炫耀武力和威力的心態，

## 建築藝術的巔峰

從一個特殊的角度展示了羅馬高超的建築藝術。

紀功柱也是顯示戰功的紀念性建築，是古羅馬獨特的建築形式之一。

### 1. 船頭紀念柱

西元前 3 世紀中葉，古羅馬的廣場上立起了一個鑲著船頭的奇特的大理石圓柱，人們將它稱為「船頭紀念柱」。這是為了慶祝羅馬人成功地打敗迦太基海軍獲得第一次海戰勝利而建立的。銅製的船頭則是從敵人那裡繳獲來的戰利品。

### 2. 圖拉真紀功柱

圖拉真紀功柱建於西元 109 ～ 113 年，是圖拉真為紀念戰勝達西亞人而建立的，它是古羅馬紀功柱的代表作。它為後世留下了極為豐富的歷史與藝術資訊，成為古典文化傳統的典型範例。

### 3. 馬可‧奧里略紀功柱

馬可‧奧里略紀功柱建於西元 180 ～ 193 年，高達 29.6 公尺，全部為大理石砌成，柱身也有浮雕環繞，浮雕的內容表現了奧里略於西元 167 年越過多瑙河討伐日耳曼人的經歷。

# 古羅馬文化的燦爛

古羅馬文化的燦爛

## ● 文學的豐收 ●

古羅馬同古希臘文學並駕齊驅，有「古典文藝」之美稱。羅馬文學藝術注重寫實與敘事，以寫真傳神見長。

### 1. 文學之父——奈維烏斯

奈維烏斯（Gnaeus Naevius，西元前270～前201年）是古羅馬偉大的劇作家與詩人，被稱為羅馬文學之父。他出生於坎佩尼亞，於西元前235年開始上演他的劇本。其劇本也是根據希臘劇本改編的，有悲劇，也有喜劇，但以喜劇見長。奈維烏斯不只是取材於希臘現成劇本寫作戲劇，他還取材於羅馬傳說和歷史寫作悲劇，這就極大地豐富和發展了羅馬戲劇創作。他的作品內容深刻，諷刺性強，在一個劇本中他寫道：「我永遠珍視自由並將它高置於金錢之上。」他本人也希望自己能成為羅馬的阿里斯托芬。由於他嘲笑權貴的惡習，抨擊時政，因此遭到了當時羅馬掌權的元老貴族的敵視，結果被趕出羅馬，死在去北非的途中。他最重要的文學成就表現在史詩創作方面。其7卷本史詩《布匿戰爭》以希臘式詩體記述了每一次布匿戰爭，為建立羅馬民族史詩傳統

作了大膽的嘗試。奈維烏斯很有詩歌才能，言詞優美，西塞羅稱讚他的作品「言詞純淨」。

## 2. 詩學之父 —— 昆圖斯·恩紐斯

昆圖斯·恩紐斯（Quintus Ennius，西元前 239～前 169 年）出生於義大利南部卡拉布里亞的一個貴族家庭，從小受到希臘文化的影響，被稱為「半個希臘人」。撒丁戰爭中被俘後，他來到羅馬，並受到加圖和斯奇比奧的照顧，於西元前 184 年獲得羅馬公民權。恩紐斯一生清貧，受到西塞羅的稱讚，認為他的文詞比其前輩更為優美。作為詩人，恩紐斯寫過悲劇和喜劇，其中以悲劇為主。他的悲劇是根據希臘作品改編的，可以和尤里比底斯的作品相媲美。其特色在於心理描寫的深刻、細緻。他的作品中最重要的就是摹仿荷馬史詩而作的一部《年代記》，全書據說達 18 卷之多，現僅存 600 餘行。史詩敘述了從特洛伊毀滅至他生活時代的羅馬歷史，其主旨就是要說明天意注定羅馬必然成為世界的主宰。在古代，這部史詩與後來維吉爾的《艾尼亞斯紀》齊名。此外，恩紐斯還翻譯過大量的希臘文學作品，寫過許多教諭詩、哲理詩等其他作品，是一位多產的作家。

## 3. 抒情詩人 —— 卡圖盧斯

卡圖盧斯出身於義大利北部維羅那城一個富有的騎士家庭，其父供他接受了上等教育。他自稱 16 歲「換上成人的長袍」便開始寫詩，留傳下來一部詩集，存詩 116 首。二十出頭的時候，卡圖盧斯來到羅馬，並愛上了高盧總督的妻子克洛迪亞。當時總督外出，對於年長的克洛迪亞來說，卡圖盧斯不過是她眾多情人當中一個令她感到新鮮的玩物而已。克洛迪亞的許多私通事件使他深感痛苦，卡圖盧斯拚命想從情感的支配中解脫出來。他將自己從熱戀到分離的熾熱、複雜的強烈感受全部融合在簡潔、優美的詩行中，傾訴自己的渴望和痛苦。所以，他的詩作感情濃烈，飽含深情與痛苦，獨具一格。

## 4. 維吉爾與《牧歌》

維吉爾（西元前 70～前 19 年）是公認的羅馬帝國初期奧古斯都文學的中心人物，也是當時詩壇的主要支柱，是羅馬最負盛名的詩人。維吉爾出生於北意曼圖亞附近的農村，青年時代是在凱薩就任高盧總督統治的情況下度過的。他曾到米蘭等地讀書求學，並到羅馬學習修辭和哲學，受到良好教育。因體弱多病，內戰期間他未服兵役，以寫作為業，兼習農事。由於才華出眾、詩作非凡和政治觀點一致，維吉爾

一直是奧古斯都最尊重的詩人。

他的早期作品為田園抒情詩《牧歌》。《牧歌》包括十個詩章,是模仿希臘的田園詩而作。詩歌描寫了義大利田野的自然景色,歌頌了農村生活的恬靜。詩作發表後受到了普遍讚揚,引起了屋大維的重視。其中第四篇中的幾句經典詩句對後世產生巨大影響:

時代已在醞釀,時序即將更新,

童貞的正義女神將重回人間,

太平盛世又將重現;

新時代的頭生兒,

已經從天而降,即將光臨地上。

這短短的幾句詩先是奧古斯都及其黨羽把它看作是新時代即將到來的天才預言,後來更被基督教當作聖母瑪利亞和耶穌基督將降臨人間的神靈的啟示。由此可見,維吉爾的詩相當深刻,典型地刻劃了時代的新生,從某種意義上說,確實是走在了時代的前面。

維吉爾另有兩部劃時代的著作:《農事詩》和《艾尼亞斯紀》。

西元前37～前30年,維吉爾受麥凱納斯的委託,寫成《農事詩》四卷,每卷50餘行。第一卷談種莊稼;第二卷談

## 古羅馬文化的燦爛

種葡萄和橄欖；第三卷談畜牧；第四卷談養蜂。

維吉爾的《農事詩》受到了希臘田園詩人海希奧德的影響，但對他的創作影響更為直接、更為重要、更加明顯的則是羅馬人重視農業的傳統。維吉爾本人自幼生活在鄉村，有著長期而豐富的鄉村生活經歷，而麥凱納斯又迫切希望維吉爾能用自己的詩歌來與屋大維的政策結合，這一切促成了維吉爾對《農事詩》創作的傾情投入。他在詩中歌頌了百姓的辛勤、偉大和義大利優美的環境和富饒的資源，表達出自己對鄉村生活的嚮往和熱愛。用如此美麗的詩篇描述那些帶有濃郁鄉土氣息的農業工作，這堪稱世界詩壇上的一大奇觀。正是由於維吉爾將枯燥的農事寫得十分生動有趣，因而深得屋大維的欣賞。西元前 31 年屋大維在從阿克提烏姆返回羅馬途中，曾經連續 4 天聽人朗誦這首詩。此後，維吉爾和屋大維的交往更為密切，等到屋大維自稱奧古斯都並建立元首政治之後，維吉爾作為「皇帝桂冠詩人」的地位漸為世人所公認。從此之後他將自己的所有精力投入到史詩《艾尼亞斯紀》的創作之中。

從西元前 29 年開始，維吉爾開始從事史詩《艾尼亞斯紀》的創作工作。這部史詩共 12 卷，體裁模仿《荷馬史詩》，它記述了羅馬人的祖先艾尼亞斯在特洛伊城被希臘人攻陷後，帶著老父、幼子及少數特洛伊居民，經過迦太基、

西西里，渡海到達義大利臺伯河口，並在這裡定居建城的經歷。他把艾尼亞斯描寫為牧羊人和女神所生，他的後裔就是羅馬的建立者，以此歌頌凱薩和屋大維所出身的家族，頌揚屋大維是神的後代。

《艾尼亞斯紀》的問世成為歐洲「文人史詩」的開端，它使古代史詩在人物、結構、格律等方面進一步趨向定型。史詩中的許多名言警句，更是被視為古羅馬文明的象徵之一。

## 5. 諷刺詩人 —— 賀拉斯

賀拉斯（西元前 65～西元 8 年）是羅馬最主要的諷刺詩人、抒情詩人和文藝批評家，和維吉爾並列為奧古斯都詩壇的主要代表。

賀拉斯出生於義大利南部坎佩尼亞的維努西亞小鎮，原是釋奴之子。其父曾是收稅員，有一座不大的農莊。因不滿於當地的教育，父親於西元前 52 年攜年幼的賀拉斯來到羅馬，送兒子求學於著名文法家奧爾比利烏斯門下。西元前 45 年，賀拉斯前往雅典深造。這使他很早就受到希臘文化的影響，成為希臘文化的崇拜者，並由此而拓寬了自己的學識。

賀拉斯才華出眾，且熱心政治。內戰期間曾參加過反對凱薩的共和派布魯圖的軍隊，並被委任為軍團司令官，因此

## 古羅馬文化的燦爛

其父在羅馬病故時家產全部被沒收。西元前 41 年屋大維頒布大赦令，賀拉斯才得以返回羅馬，在財務官處謀得一個官職，業餘時間便開始詩歌寫作。由於當時他家貧位卑，因此心中常有憤世嫉俗之感，這就導致他在詩歌創作中特別喜歡寫諷刺詩，以自己所特有的敏感和洞察力去嘲諷世人的愚蠢和貪婪。在羅馬，賀拉斯的詩才很快引起了維吉爾的注意，並透過維吉爾得到麥凱納斯的賞識和庇護，此後他處境漸佳。西元前 33 年，他接受麥凱納斯的饋贈，在離羅馬不遠的薩賓地區獲得了一座小莊園，從此，賀拉斯生活安定，或生活在莊園，或生活在羅馬，悠閒自在地以全副精力創作詩歌。從這一時期他的詩歌創作也可以看出他特別喜愛自己的小農莊。同時，經麥凱納斯等人的提攜，再加上本人所特有的詩人魅力，賀拉斯自然進入了羅馬上流社會，經常與上層文化人物來往。此後他的作品更加豐富，除繼續發表一些諷刺詩之外，還發表了一系列問答體或書信體詩歌，既有評價社會和人事的內容，也有融入音樂的頌歌和長短句讚歌，風格也一反傳統的冷嘲熱諷，更多讚美生活，欣賞舒適安逸的環境、大自然的美景。

西元前 19 年維吉爾去世之後，賀拉斯更是成為了羅馬第一詩人，深得奧古斯都的青睞。不過即使如此，賀拉斯還是保持了一定的個人獨立性，他曾不止一次地以自己不擅於

寫史詩為由而婉言謝絕了撰寫歌頌奧古斯都功績的史詩的要求。據說奧古斯都曾建議賀拉斯作自己的祕書，但也被他婉拒了。西元前 17 年，羅馬舉行「盛世大祭典」，賀拉斯應奧古斯都之命創作百年大慶的讚美詩。他採用希臘歌體詩的節奏和韻律，並配以華麗的歌辭寫就的《世紀之歌》，以其優美的旋律，獲得了極高的榮譽。

　　他的主要作品是《頌歌》和《詩簡》。《頌歌》共四卷，主要是歌頌奧古斯都的統治以及奧古斯都統治時期羅馬道德的復興。

　　西元 8 年，賀拉斯去世了。在他死後一千多年後的一位著名學者曾經這樣評價賀拉斯：「賀拉斯是這個世界中的完人，他寬容一切卻無任何偏袒；他可以四海為家，自在地跟所有的人友善；他願意享用任何歡樂……卻從不大聲發笑使人難堪。他像富蘭克林那樣的務實，卻終生寫詩為業；他像蒙田那樣絕不陷於任何狹隘境地，卻不寫散文只寫詩句；他是這樣一位把常識和鮮明的個性結合得如此親密無間的詩人，古今皆罕有其匹。」

## 6. 情詩奇才 —— 奧維德

　　奧維德（西元前 43 年～西元 18 年）是奧古斯都時代第 3 位重要的詩人。他比維吉爾、賀拉斯年輕得多，活躍之時

## 古羅馬文化的燦爛

正值奧古斯都統治後期，天下太平已久，享樂之風日益盛行，因此，他的詩不那麼傾向於頌揚奧古斯都時代的和平，而是偏重於表現浪漫和幽默。奧維德早期所創作的一些愛情詩與當時這種社會風氣不無關係，他也因此而被流放，並最終客死異鄉。由他的經歷可以看出，他和維吉爾、賀拉斯有很大的不同。然而，就詩才的傑出、作品的影響來看，奧維德比他的兩位前輩毫不遜色，可謂是旗鼓相當，他們在古典傳統文學中都具有同樣傑出的地位。

奧維德出生於義大利圖爾沙一個富有的騎士家庭。早年曾去羅馬學習修辭學和法學，並漫遊了西西里島以及地中海東岸各地。父母原希望他將來能成為一名律師，但他本人的興趣卻在詩歌方面，並且他詩才橫溢，隨便寫作一些詞句都能成為優美的韻文詩歌。他曾寫過很多愛情詩，有《戀歌》3卷、《女英雄》21篇、《愛經》3卷和一首敘事詩〈愛情的藥劑〉。這些詩歌的內容主要是論愛情、愛的藝術、美容和裝飾藝術等。其主旨似乎是要指導青年如何去獲得愛情和保持愛情，如何尋求愛情、挑選對象。由於他的愛情詩對愛情心理，尤其是女性心理刻劃入微，從而為愛情詩的創作開闢了一個新的境界。其中《戀歌》是他的成名之作，發表於西元前18年左右，共有三卷49首詩。在《戀歌》中，他選了一位名叫克林娜的女性作為自己愛慕的對象，這位美麗

的克林娜並無其人而純屬詩人的想像，但詩人卻因此為自己的愛情帶上強烈的主觀色彩和細緻的心理描寫。詩人也因此深得奧古斯都的恩寵，結交的也都是當時羅馬文化圈中的一些名人。對於羅馬另兩位較他年長的名詩人維吉爾和賀拉斯，奧維德只聞其名，並聽他們朗誦過，但卻不曾相識。長詩《變形記》則是奧維德的主要代表作，是他創作成熟時期的作品，也是所有羅馬文學作品中最受人歡迎的。奧維德採用故事套故事的寫法，使全詩環環相扣，彼此呼應；並根據盧克萊修「一切都在變易」的唯物論和畢達哥拉斯「靈魂輪迴」的唯心學說，使各種人物最後或變成飛禽走獸，或易作花草樹木，或化為頑石天星，讓變形的特色體現在每一個故事之中。整部作品想像豐富，形象鮮明，言詞優美，風格精緻，格調生動，富於變化，充分顯示出高超的藝術獨創性。正如一位權威評論家所說的那樣：奧維德以他特有的機智、幽默和荒誕筆調的描繪，向人們展示了一個迷人的世界。因此《變形記》不僅對羅馬文學，也對後世作家產生了廣泛的影響，但丁、喬叟、莎士比亞、蒙田、莫里哀、歌德等都十分欣賞這部作品，這充分說明了它的巨大魅力。西元8年，奧維德由於在詩歌創作中有悖於奧古斯都重塑道德的政策，被流放到黑海邊的托米城（今羅馬尼亞的康斯坦察），在這個人地生疏、舉目無親的小城度過了自己的餘生。其間他寫

### 古羅馬文化的燦爛

了《哀怨集》和《黑海書簡》。《哀怨集》和《黑海書簡》反映了作者憂鬱傷感的情調，感情比較真摯，其中不乏佳作。其間奧維德還寫了不少詩歌寄給自己在羅馬的摯友，並數次請求奧古斯都的赦免，但終未得到寬宥。西元 18 年，他在托米過世，享年 61 歲。後來，德國古典主義美學家萊辛稱讚奧維德是「就美的效果來寫美」的典型，奧維德本人也被認為是羅馬文學界的情詩奇才。

## 7. 拉丁散文泰斗 —— 西塞羅

西塞羅（西元前 106～前 43 年）是古羅馬最著名的政治家、演說家、散文家和拉丁言詞大師，被後人譽為「拉丁散文泰斗」。他的作品具備了羅馬文學的所有優點，是羅馬散文的典範。甚至他的政敵、散文造詣頗高的凱薩對他的文章風格也佩服之至。老普林尼則稱他是「演說術和拉丁文學之父」。他的演說辭鏗鏘有力；他的論文通暢明順，善於運用辭藻，尤其是他的《三論》（即《論老年》、《論友誼》、《論責任》），明暢華麗，晶瑩澄澈，猶如西方文學寶庫中三顆璀璨的明珠。可以說，他的作品達到了古羅馬散文的頂峰，正如一位史學家所說的那樣，西塞羅「相當鮮明地體現了他那個時代的堅定開闊精神」。

西塞羅出生於羅馬東南部阿爾彼隆的一個騎士家庭，自

幼受到當時羅馬最好的教育，後來又到希臘學習兩年。除了在雅典遍訪名師之外，他還像凱薩那樣前往小亞細亞和羅德島等地，繼續研究演說技巧，並求教於著名的修辭學家莫隆，開始形成自己的演說風格。蘇拉死後，西塞羅回到羅馬，開始活躍於政治舞臺上。他憑藉自己的努力，靠著自己的演說才能，逐漸贏得貴族的讚賞和普通民眾的支持，成為當時最為出色的演說家。西元前 63 年，西塞羅當選為執政官。任職期間他揭露了喀提林陰謀，獲得了「國父」稱號，達到其政治生涯的頂點。凱薩被刺後，西塞羅站在屋大維和元老院一邊，連續發表演說，激烈抨擊安東尼。屋大維和安東尼和解後，西塞羅成為第一批受迫害的犧牲品，於西元前 43 年 12 月遭安東尼殺害。

身為一名演說家和散文作家，西塞羅留下了大量的散文體著作、演說辭、書信等，成為古羅馬文學的光輝遺產。西塞羅充分吸收希臘文化成就，結合自己演說的需求，形成了自己「講究細心加工與自然流暢的結合，行文結構勻稱，詞彙優美，句法嚴謹，音韻鏗鏘」的獨特風格。他的文體因此被譽為「西塞羅文體」，代表了羅馬文學的最高水準，被後世奉為拉丁文學的典範。他能將諷刺、比喻、比較以及同義語等，用非常簡練、明快、優美、動人的詞彙巧妙地組合起來，使自己的演說跌宕緊湊，猶如高山流水，歡暢清澈，雄

壯有力。因此,每當他出現在羅馬的法庭、元老院、公共場所進行演說時,總能獲得聽眾的歡呼。他向聽眾呼籲熱情友好,對政敵攻擊尖刻粗魯,用的都是輕快而流暢的言詞,形式雖不免流於矯揉,但對於激發聽眾的情緒顯然十分有效。他認為演說主要是打動聽眾的感情,而不是訴諸理性判斷,因此他就不惜歪曲甚至捏造事實。他的演說風格被後世一些作家奉為典範。也正是由於西塞羅將演說辭這種文體發展到了完善的地步,因此對拉丁散文和拉丁語言的發展產生了一定的影響。其作品不僅在義大利影響深遠,而且在英法等國也廣為流傳,出現了不少信仰者和愛好者。西塞羅不愧為西歐文化史上一位言詞巨匠。

## 8. 「小說之父」阿普列烏斯與《金驢記》

阿普列烏斯(西元 125 ～ 180 年)所著的古典小說《金驢記》膾炙人口,全書共 8 卷,20 萬字。它採用市井言詞描述希臘民間傳說,敘述一位希臘少年由於迷戀巫術,誤服魔藥,變為一頭毛驢,受盡磨難,閱盡人間萬象,最後被埃及女神所救,復為人形。這部小說保持了民間故事的風格,其間穿插了不少流行小故事,「雅俗共賞,敘述詼諧而生動,富於機智與誇張,無愧於一代文風」。它是羅馬文學作品中最為完整的小說,為歐洲長篇小說的發展奠定了基礎。

# 戲劇的舞臺

古羅馬戲劇萌芽於遠古時期對農神的祭祀和農事節慶。西元前 2 世紀，羅馬出現了戲劇的繁榮，或取材模仿希臘戲劇，或反映羅馬歷史與現實生活，同時湧現出了一批著名的戲劇作家。

## 1. 喜劇大師 —— 普勞圖斯

普勞圖斯（Plautus，約西元前 254～前 184 年）是第一個有完整作品傳世的古羅馬作家。他出生於義大利北部翁布里亞一個下層平民家庭，曾在劇院當過木工與演員，後因經商失敗而去建築工地、私人磨坊打工。這些經歷使他在思想感情上與下層人民十分接近，為他之後的戲劇創作提供了極為豐富的素材，也使他的喜劇深受羅馬民眾的歡迎。普勞圖斯在業餘時間創作了不少劇本，成為古羅馬頗富盛名的喜劇家，後人稱他在雄辯和機智方面甚至可以與西塞羅相媲美。普勞圖斯一生寫過 130 多部劇本，只有 21 部流傳至今。其中除《行囊》一劇嚴重殘缺外，其餘 20 部基本上都完整，主要有：《安菲特里翁》、《孿生兄弟》、《一罐黃金》、《吹牛的軍人》、《商人》、《俘虜》、《凶宅》等。

## 古羅馬文化的燦爛

　　普勞圖斯的喜劇題材多樣，風格不一，大多根據希臘新喜劇改編，用的是希臘題材，反映的卻是羅馬人的生活。他用滑稽可笑的情節，揭露了當時羅馬上層社會的生活腐化和道德敗壞。在他的喜劇中，除了《安菲特里翁》取材於希臘神話之外，其餘全部是各種類型的生活喜劇，情節不外乎情愛、財產糾紛等。如《孿生兄弟》就描寫了一對孿生兄弟幼年失散、後來重逢的經過，情節生動，言詞風趣活潑。《一罈黃金》描寫一位貧窮而又吝嗇的老人因偶然得到一罈黃金後患得患失的心理，因為突來的橫財使他不知所措，終日寢食不安，直到將其作為嫁妝送給自己的女兒，才擺脫了沉重的精神負擔。此劇用語詼諧傳神，人物形象生動，作者在寫作中巧妙地運用了各種喜劇手法，代表了古羅馬戲劇創作的較高水準。《商人》講述的是好色的父親將兒子從外地買回的漂亮女奴占為己有，從而引起一場父子糾葛。此劇情節離奇，用語誇張，反映了奴隸主貴族腐朽的生活。《俘虜》是普勞圖斯喜劇中最為嚴肅的一部作品，描寫了奴隸如何冒險去救主人，最後成功脫險的故事，成為後世歐洲人情劇的雛形。神話喜劇《安菲特里翁》描寫的是天神宙斯趁地上國王安菲特里翁出征之際，化作國王形象與王後阿爾喀梅娜幽會，他們的結合誕生了後來的希臘英雄海克力斯。該劇譏諷了羅馬統治階級所標榜的理想道德的虛偽性。

普勞圖斯所塑造的典型形象，如吹牛的軍人與江湖醫生、貪婪的老鴇、機智風趣的奴隸、吝嗇的老頭等劇中人物形象給人印象尤深，他們往往是劇中矛盾發展的關鍵，雖有幾分粗俗，卻與平民大眾更為貼近，因而受到他們的喜愛，流傳甚廣。他還利用獨白、旁白等表現形式來揭示人物內心活動，並常常用序幕或尾聲來解釋題材來源、作者情況等。他的喜劇有別於希臘喜劇之處在於他基本上拋棄了歌舞隊部分而代之以對話的表現手法，因而跟近代喜劇很接近，從而對近代西方戲劇產生了廣泛影響。

## 2. 英年早逝的喜劇大師 —— 泰倫提烏斯

泰倫提烏斯（Terentius，約西元前 195～前 159 年）是與普勞圖斯齊名的又一位古羅馬的喜劇大師。他出身低微，是羅馬在北非殖民城市中的一個家奴，幼年來到羅馬，成為羅馬元老泰倫提烏斯路卡努斯的奴隸。主人由於欣賞他的才華而讓他享受與自由人同等的教育，並恢復了他的自由。從此泰倫提烏斯得以躋身於羅馬上流社會，受到以大貴族小斯奇比奧為首的文化團體的保護。少年的良好教育和成年之後進入的社交圈子使泰倫提烏斯的文風高雅純淨，這與普勞圖斯那種貼近平民大眾的通俗生動的藝術風格相比較，就更加受到貴族文人的青睞。由於他的創作活動代表了斯奇比奧一

## 古羅馬文化的燦爛

派貴族的文化觀點，對希臘的推崇和模仿又多於對羅馬民間傳統的應用和挖掘，因此在二者的結合上也就自然不如普勞圖斯來得完美。比較而言，泰倫提烏斯的作品幽默、優雅、有節制，但缺乏普勞圖斯作品中那種迎合羅馬觀眾的喧鬧場面。由於這個原因，他的作品不如普勞圖斯的作品通俗和生動鮮明，也沒有那麼受人歡迎。但是泰倫提烏斯比普勞圖斯更多地表現出仁慈。

由於30多歲就英年早逝，泰倫提烏斯留下的作品並不多，傳世的僅有6部；《安德羅斯女子》、《自責者》、《閹奴》、《福爾彌昂》、《兩兄弟》和《婆母》。這些劇本約寫成於西元前166～前160年間，其代表作是《兩兄弟》和《婆母》。泰倫提烏斯的喜劇結構嚴密，人物描寫細緻入微，言詞優美流暢，哲理思想深刻，特別是他以優雅的言詞、別開生面的描繪將古希臘的人本思想發揚光大，為劇中人物罩上了一層「人性」的光環，因此後人稱他是以藝術扣人心弦。其劇中人物最著名的一句話便是：「我是一個人，凡人性所屬我都能夠理解。」這段話被當作是羅馬人文主義思想成熟的象徵之一。他的喜劇後來成為文藝復興時期作家競相效仿的典範。

## 3. 悲劇作家 —— 塞內卡

帝國時期的塞內卡（約西元 4～65 年）被譽為「古羅馬最著名的悲劇作家」，其文學作品主要有《變瓜記》和 9 部悲劇。《變瓜記》是一篇政治諷刺散文，嘲笑皇帝克勞狄生前作惡多端，死後不但沒有成神，反而受到神的審判，最後變成一個大南瓜。他的悲劇代表作有《特洛伊婦女》、《美狄亞》、《奧狄浦斯》等。塞內卡以希臘悲劇為藍本進行創作，透過自己的作品來表達其對羅馬社會現實的不滿，內容涉及討論生死、情慾、自由意志、罪惡等，較為全面地表露出當時貴族反對派對暴虐皇帝專制制度的不滿情緒。塞內卡並不否定君主制度，只是希望出現一位仁慈的君主，以便貴族元老們在政治上能夠得到一定的自由。他的悲劇主要供少數人閱讀和朗誦，劇中充滿凶殺、復仇、鬼魂、巫術等恐怖場面，過分地渲染悲劇氣氛，而且長於心理刻劃和緊張對白，用語誇張，言辭雄辯，富有哲理。其劇本中多數情節較為簡單，缺少戲劇動作而且劇情發展多限於在一晝夜和某一地點。塞內卡的悲劇繼承了希臘悲劇的傳統，對文藝復興時期和 17 世紀英法古典主義悲劇產生過一定的影響。

## 哲學的智慧之光

羅馬哲學的主要成就在於對希臘哲學的繼承和發展。羅馬哲學講究實用主義，希望能從中找到為其所用的某種行為規範和治國方針。羅馬哲學注重倫理與神學的緊密結合，從而為統治階級提供精神支柱。

### 1. 西塞羅的折衷主義

共和末期，羅馬人繼承希臘哲學的可取之處，將希臘各種唯心主義哲學思想揉合在一起，形成折衷主義，西塞羅便是其典型代表。

西塞羅的哲學著作主要有《論善與惡的意義》、《論神的本性》、《論友誼》等。西塞羅主張順乎自然，節制慾望。西塞羅在哲學上的最大貢獻在於：他以生動的拉丁語言將希臘哲學通俗化，從而便利了羅馬人對希臘哲學的了解，促進了羅馬自身哲學的發展。他的作品也成為人們研究希臘哲學思想的重要文獻資料。

## 2. 唯物論的代表盧克萊修

共和末期，羅馬唯物論哲學家的代表人物是盧克萊修（約西元前 99～55 年）。他在唯物主義哲學發展史上具有重要的地位，馬克思稱他是一位「真正羅馬的史詩詩人」，因為他以「朝氣蓬勃、吒叱風雲」的勇氣，「歌頌了羅馬的精神實體」。盧克萊修善於將深奧的哲理化為優美的詩句，因此他的詩是一種哲理詩。《物性論》是他留世的唯一著作。《物性論》是我們了解古代原子唯物論思想的唯一系統著作，它對近代唯物主義和自然科學的發展產生了深遠的影響。

盧克萊修繼承了古希臘唯物主義哲學家德謨克利特和伊壁鳩魯的學說，但他又不像西塞羅那樣注重哲學的實用性，滿足於向羅馬人介紹希臘人的哲學思想，而是在繼承的基礎上有所發展和創新。他強調指出：物質是永恆的，任何事物都不是由神的意志從無中產生出來的；任何事物都不能消失為無。儘管萬物有生滅之變，但作為萬物之始基的物質則是永恆的。由此，盧克萊修得出結論：萬物的終極本源是構成世界萬物基礎的原子和虛空。

從原子論出發，盧克萊修進一步闡明了自己的無神論思想。他認為，靈魂和精神都是物質，並由極其微小的原子所構成。精神的所在地是胸的中央，靈魂則分布於全身。靈魂

## 古羅馬文化的燦爛

依賴於肉體而存在,並以肉體作為自己的樞紐,隨著肉體的消失,靈魂也將消失,絕對不會存在不朽的靈魂。因此,那些所謂靈魂不死的學說實在是荒誕可笑的。由這種無神論觀點出發,盧克萊修對宣揚靈魂不死的宗教迷信思想進行了猛烈的抨擊。他深信宗教在慫恿人們去做邪惡的勾當,使人們陷入那種對死亡和永久懲罰感到可怕的憂慮。因此是迷信和宗教導致了人們心理上的沉重負擔,是使人們貧困和犯罪的根源。盧克萊修的觀點動搖了人們對上帝的信仰和崇拜,體現了其無神論者的戰鬥精神。

在社會歷史觀上,盧克萊修提出了一種進化的觀點。他認為,人類社會是發展變化的,地球上最先出現植物,然後才有動物和人類。人類早期也和動物一樣,過著野蠻的生活。經過漫長的歲月,人類才逐漸學會用火,製造工具,進入文明時代。再之後,家庭、私有制、國家、法律先後產生。由於他將人類社會的發展與生產工具、物質條件的變革連繫起來,因此其社會歷史觀無疑具有唯物主義歷史觀的萌芽。他的著作對之後唯物主義的發展產生了深遠影響,是西歐文藝復興時代反教會戰鬥的有力武器。

### 3. 「羅馬的伏爾泰」——琉善

琉善（約西元 120 ～ 190 年）是古羅馬優秀的思想家、傑出的無神論者。他出生於幼發拉底河畔薩莫薩特城一個手工業者家庭。先後當過律師、演說術教師。西元 165 年，琉善定居雅典，開始致力於哲學和文學創作。這一時期也是他創作的成熟時期，他用對話、論文等不同體裁寫了一系列涉及社會生活、哲學流派、宗教信仰、倫理道德等方面的作品，對當時的社會問題和思想流派持批判態度。他的著作流傳下來的有 84 篇，主要作品有《神的對話》、《佩雷格林之死》、《悲慘的朱比特》、《渡口》等。

琉善的作品直接地反映了當時社會生活的各個方面，觸及了安東尼王朝時代精神和宗教生活的所有重大問題，成功地塑造了羅馬帝國形形色色思想家的典型形象，並且非常及時，因此不少著名資產階級學者稱他為古代的「新聞記者」和「時事評論家」。

琉善的唯物論和無神論思想不僅沉重打擊了唯心主義和宗教迷信，而且對後來西歐文藝復興和近代一些無神論思想家都產生過很大的影響。琉善作品的文風清新坦誠，言詞生動詼諧，戲謔諷刺入木三分，在古代作家中可謂獨樹一幟。因此，他的作品對後世有巨大影響。基督教嚴厲譴責他，認

為這位無神論者應和魔鬼一道在地獄中永受懲罰。而著名的人文主義者伊拉斯莫則處處模仿他，恩格斯更是稱讚他是「古希臘羅馬時代的伏爾泰」。

## 4. 皇帝的老師 —— 愛比克泰德

　　愛比克泰德（西元 55～135 年）是出生於小亞細亞的希拉波利的希臘人。早年曾淪為奴隸，後來隨主人、尼祿皇帝的寵臣埃巴弗狄特來到羅馬學習哲學，在這裡獲釋成為自由民。此後曾擔任過尼祿的侍從，並在羅馬講學。圖密善即位後，大肆驅逐哲學家，愛比克泰德與其他哲學家一起被迫遷居到希臘半島伊庇魯斯的尼科波利，在那裡繼續從事哲學教學與研究，直到去世。他的學生眾多，羅馬帝國後來的皇帝哈德良、馬可奧里略都曾經做過他的學生。他的著作為《言談集》，題為《手冊》的格言集是學生根據他的講課提綱整理而成。

　　愛比克泰德將倫理道德作為自己從事哲學研究的主題。他堅持認為討論世界究竟是怎樣構成的這類問題，既無必要又不重要。因為不管世界是原子構成的或者是由水和土構成的，這都不是問題的關鍵所在。關鍵的一點就是人們要知道並了解善的含義和真正本性，掌握慾望、厭惡、選擇與拒絕的行為分寸，並以此作為自己生存的準則去安排未來所有的

生活，至於其他身外之物根本就不需考慮。因此他所關心的重點問題就是人如何去達到至善。他認為善的本質就在於神的本質，神的本質是智慧、知識與理性。

此外，愛比克泰德還提出了一種世界主義的道德倫理體系。他認為由於人類社會的各階層都是以神作為自己的父親，因此在神的面前，人人都是平等和自由的社會成員，人人都是兄弟，也就應當彼此相親相愛。至於生活在社會最底層的奴隸則根本就不存在，因為既然人人都是神的兒子，那麼任何人將自己或別人當作奴隸就只不過是其主觀意識所造成的而已，並不是客觀存在的事實。愛比克泰德的思想對後來的基督教影響較大。

## 5. 哲學大帝 —— 馬可‧奧里略

馬可‧奧里略（Marcus Aurelius，西元 120～180 年）是羅馬帝國皇帝，他既是一位頗有才能的軍事家，也是一位有名的哲學家，被稱為「皇帝寶座上的哲學家」，是斯多噶學派最後一位有影響的學者。對於後人來說，他作為哲學家甚至比作為皇帝更為知名。作為安東尼皇帝的養子，他於西元 161 年與其義弟一起共繼帝位。8 年之後，義弟患病過世，奧里略成為唯一的君主。由於邊境多事，他在位的 20 年基本上是在戎馬生涯中度過的。執政期間，他潛心學問，

## 古羅馬文化的燦爛

勤於政事，成為羅馬歷史上一代「明君」。他的哲學深受愛比克泰德的影響，其代表作是《沉思錄》。《沉思錄》共12卷，書中漫談人生哲理，諸如命運、美德、善惡、人神之際等等，在宿命論的主導思想下，具有濃厚的悲觀消極色彩，甚至不得不從哲學角度承認他所在世界的脆弱與虛幻，因而是奴隸制陷入深刻危機的一種思想反映。

奧里略的哲學體系主要包括神學、倫理學和國家學說，而神學則是其全部理論的重點和基礎。他認為由於神的存在是人所不可缺少的，因此沒有神的世界不僅是毫無意義的，而且根本就不存在。因為自然界的萬事萬物都是由天命所囊括，並以最完美的形式予以安排，這就導致整個世界在神的旨意安排下形成一個井然有序的生命整體。而靈魂本身就是神的啟示，人的靈魂則更是神的流溢物，人和神是水乳交融血脈相通的一體，這就是奧里略極力提倡的神學目的論。對於事物的運動奧里略也有自己的見解，他認為宇宙中的萬事萬物都處在不斷地運動變化之中，並沒有什麼永恆不變的個體事物。這種運動變化決定了整個宇宙，直到它的解體，這是神與天命的安排，因此人們要善於滿足於周圍的一切，要「服從神的旨意，安分守己，清心寡慾」，並想方設法去擺脫所有外在的事物，服從整體法則，崇敬並服從神的安排。

和愛比克泰德一樣，奧里略也認為人是整個自然界這個

有機整體中的一部分,因此彼此應該互相關連,親如兄弟,有共同的命運。不管是身居高位,還是低處下層,這都是上天安排的結果。於是他主張「要愛人類」,認為一個人必須經常做有利於他人的事,對朋友要正,對自己冷漠,以達到至善這個終極目標。

# 古羅馬文化的燦爛

## 史學的珍貴遺產

羅馬史學是從模仿希臘史學的成果開始逐漸發展起來的。羅馬史學是一座連線西方古典史學與近代人文主義史學的橋梁,有著承前啟後的作用。

### 1. 皮克托爾與《年鑑》

費邊・皮克托爾(Quintus Fabius Pictor,約生於西元前254年)是羅馬第一位著名的史學家。他出身於羅馬的名門望族家庭,其祖先中有多人曾當選為羅馬執政官。他年輕時投身軍隊,參加過征服高盧人的戰爭和第二次布匿戰爭,親眼目睹了羅馬軍隊在特拉西美諾湖畔的慘敗。西元前216年坎尼戰役之後,他作為羅馬代表團的一員前往希臘進行外交活動。

《年鑑》是皮克托爾的主要著作。《年鑑》從遠古神話時代開始按年代順序排列,一直寫到他自己生活的時代,其中關於第二次布匿戰爭的記載尤為詳盡。李維曾經以極為崇敬的心情稱讚皮克托爾是羅馬「最古老的歷史學家」。

## 2. 波利比烏斯與《歷史》(*The Histories*)

麥加波利斯人波利比烏斯(Polybius,約西元前 200～前 118 年)是西元前 2 世紀中葉,在羅馬的一位傑出的希臘籍羅馬史作家。

波利比烏斯出身於希臘貴族,受過良好的教育,以學識廣博、文武雙全為人所敬重。西元前 168 年,希臘聯軍在與羅馬軍隊進行的皮德納戰役中失敗,當時在希臘聯軍中擔任騎兵指揮官的波利比烏斯,在戰後作為希臘交給羅馬的 1,000 名人質之一被帶到羅馬。到羅馬後,波利比烏斯由於學識出眾而被指揮皮德納戰役的羅馬將軍愛米利烏斯鮑魯斯聘為其子之教師。鮑魯斯之子即後來攻陷迦太基城的羅馬將領小阿非利加西庇阿。結識了這樣的上層人物,使波利比烏斯在羅馬為人質的 16 年中,名義上受到監管,實際上卻享有很大的自由。他出入於羅馬上層社會門庭,接觸各種軍政上層人物,還有機會廣泛旅行,了解羅馬周圍和義大利的地理及風土人情。作為小阿非利加西庇阿的幕賓,他曾目睹西元前 146 年迦太基城陷的悲慘情景,因此他能從極有利的地位,以一個局外人的客觀眼光,觀察羅馬的政治、軍事等大事演變,並有機會蒐集較多的可靠資料。他廣泛閱讀希臘史學著作,認真學習地理學、地形學,深入思考政治、哲學問

題，對歷代帝王之承繼、列強間力量之平衡、政治體制之變革有較深的研究。這些都為其成為有名的歷史學家打下了較好的基礎。西元前146年之後，波利比烏斯獲得自由，他作為自由民繼續旅行訪問，為寫作布匿戰爭的歷史蒐集資料。

《歷史》是波利比烏斯最重要的歷史著作，這部著作敘述了西元前218年第二次布匿戰爭爆發至西元前146年第三次布匿戰爭結束前後70餘年的歷史，是一部斷代史，而且是作者親身經歷的當代史。全書共40卷，其中前幾卷完整地保存下來，其餘各卷則殘缺不全，另外有些節錄和摘要，總計傳下來的部分約占全書的三分之一。全書的前2卷為引言，簡要地敘述了第一次布匿戰爭的史事；接著又論述了第二次布匿戰爭期間羅馬與迦太基人的殊死搏鬥，並詳細分析了羅馬人的政治制度、軍事制度在羅馬征服過程中的作用；然後敘述了第三次布匿戰爭、對東部地中海的征服以及羅馬帝國的最後建立。

波利比烏斯所著《歷史》的主要特點是它的計畫性和系統性。全書緊緊地圍繞一個主題，即羅馬如何迅速發展成為空前強大的地中海霸主。波利比烏斯反對把歷史降低為供耳目欣賞的神話故事，他拋棄了傳統的文學性歷史和悲劇性歷史的寫法，而把自己的作品寫成供後世政治家和軍事家參考的手冊類型，文體因而有枯燥乏味之弊。不過由於他的治史

方法和原則的正確,很受後代史學家李維、塔西佗的推崇。

波利比烏斯認為,歷史的作用應是垂訓後世,教育後人。他指出:「從研究歷史中所得到的真知灼見,對實際社會來說是一種最好的教育。因為歷史,而且只有歷史,能使我們不涉及實際利害得失,而訓練我們的判斷能力……就政治生活而言,最好的教育和訓練就是要研習歷史。借鑒於前人的教訓,是教人英勇奮進、克服困難、戰勝命運的法門。」

## 3. 凱薩與《高盧戰記》

凱薩(西元前 100～前 44 年)不僅是一位叱吒風雲的政治家,富有才幹的軍事家,也是一位才華橫溢的散文家和歷史學家。後人誇張地說:在羅馬每走一步,都能感覺到凱薩的天才。西元前 52 年,雖然凱薩戰功顯赫,但仍受到政敵們的種種猜疑和非難。為了表示自己坦蕩的胸懷及自己在高盧的活動和戰績,他採取寫信這種樸實無華秉筆直書的方式向元老院的政敵們進行解說,於是,就有了《高盧戰記》和《內戰記》兩部不朽的歷史名作。在行文中,凱薩用第三人稱,通篇敘事不露任何感情。文中語氣平和,筆調簡潔,既不怪怨宿敵,也不自吹自擂,僅透過他人之口轉述自己的寬容和仁慈。

《高盧戰記》共 8 卷（第 8 卷為凱薩的部將希爾提斯所寫），記載了凱薩征服和統治高盧的始末，包括他對高盧人和日耳曼人所進行的一系列戰爭，以及西元前 55 年、54 年兩次入侵不列顛島的經過。這部著作對高盧地區的山川形勢、特產狀況、民族分布、風俗民情等都有詳細的描述。

《高盧戰記》是唯一一部當事人記載重大戰爭活動的著作，具有極高的可靠性，至使後世對高盧戰爭比對其他古代軍事行動了解得更為詳細，因而更具史料價值。

凱薩的《內戰記》共分 3 卷，記述了他戰勝龐貝及其黨羽的經過。他以傳統的價值觀為自己的行為辯護：當他的尊嚴受到威脅並被從前的朋友拋棄時，他就要用武力來保衛羅馬人民的自由，反對少數強硬分子的陰謀詭計。

凱薩的著作不僅在歷史方面，在軍事、政治、文學等方面也均有極高的價值。

### 4. 史學良才 —— 撒路斯提烏斯

撒路斯提烏斯（西元前 86～前 34 年）是羅馬共和晚期最有政治見解和洞察力的歷史學家。他出身於薩賓貴族之家，西元前 52 年當選為保民官。因追隨凱薩，撒路斯提烏斯與西塞羅積怨甚深，互相攻訐不已。凱薩與龐貝為爭奪羅馬最高統治權進行決戰時，他隨凱薩前往北非，參加消滅龐

貝餘黨的戰役。不久就被任命為努米底亞總督。凱薩遇刺身亡後，撒路斯提烏斯失去了政治上的靠山，乃息影林園，潛心著述。他的主要著作有《喀提林陰謀》和《朱古達戰爭》。前者記述了羅馬貴族喀提林（約西元前 108 ～前 62 年）利用當時社會的不滿掀起政變及戰敗而死的經過；後者則記述了西元前 2 世紀末羅馬對努米底亞用兵，與努米底亞國王朱古達作戰的經過。書中揭露和譴責了羅馬軍隊和元老貴族的腐朽，因此對於理解羅馬共和晚期的歷史尤為重要。據說他還著有一本描述西元前 78 ～前 67 年羅馬重大事件的《羅馬史》一書，但沒有流傳下來。

由於政治眼光敏銳，加之本人又是拉丁文寫作的高手，因此撒路斯提烏斯對羅馬上層社會的揭露可謂是淋漓盡致，史料選擇更是嫻熟自如，並注重利用演說、信件、旁生枝節的藝術表現手法，這就使他的著作在歷史真實和文學描述方面處理得較得當。尤為突出的一點是他的著作具有其他羅馬史學家所缺乏的深度，是希臘史學分析傳統的優秀繼承者。他特別重視對歷史事實的評論和分析，尋找因果關係，注意歷史人物的作用，表達了處於政治動盪和戰亂時期的知識分子對羅馬共和國前途的憂慮。他的史學水準明顯超過此前所有的羅馬史學家，可以說是一位承前啟後的羅馬史學家，在羅馬史學占有重要的地位。因此他的著作頗受推崇，與李維

和塔西佗一起並列為羅馬歷史上三大史學家。

## 5. 李維與《羅馬史》

西元前 30 年，羅馬結束幾百年紛爭局面，進入了羅馬歷史上的「黃金時代」，羅馬史學也出現一派繁榮景象。李維（Titus Livius，西元前 59～西元 17 年）便是這個時期最著名的史學家。李維出生於義大利東北部帕多瓦城一個貴族家庭，青年時代受過良好的教育，30 歲之前一直住在家鄉，西元前 29 年移居羅馬，從事學術活動，並很快與維吉爾、賀拉斯等文學家過從甚密，得到屋大維和其他權貴人士的賞識和供養，並且受聘為屋大維的外孫也就是後來成為羅馬皇帝的克勞狄的老師。從此，李維在羅馬安富尊榮，過著一種平靜的書齋生活。他集畢生之精力，苦心孤詣，寫成了一部有通史規模的《羅馬史》。這部在時間跨度上近八百年且融會上下古今的著作，創立了通史體例，在當時的西方不失為一個偉大創舉，為羅馬史定下了一個基調。

《羅馬史》始自西元前 753 年羅馬建城，止於奧古斯都時代的西元 9 年。全書共 142 卷，重點是記敘從第二次布匿戰爭開始後的歷史事件，尤其是西元前 1 世紀的義大利同盟戰爭，內戰是全書所注目的中心。

《羅馬史》的字裡行間皆褒貶分明，意存勸誡。他將歷

史當作一面鏡子,認為「史學之獨特功用」就在於可以從中得出教訓,用以指導當前和未來的行動。李維儘管受到了奧古斯都的知遇之恩,並且在政治上、思想上和私人關係上都擁護奧古斯都的統治,但他決無趨炎附勢之徒的媚世之態。他雖然在政治上追隨奧古斯都,但在其著作中評價歷史人物時卻能堅持實事求是和公允的態度。例如龐貝是凱薩的主要政敵,但李維在記述龐貝的生平事蹟時,卻對他讚頌有加。由此可見,李維雖然有奧古斯都的支持,但他並沒有賣身投靠,而是心口如一,以個人之能致力於世界上最優秀民族業績的記述,並以此為樂,這使李維在西方史學發展史上的地位超出了實際上應當享有的程度。

李維的著作中保存了豐富寶貴的歷史資料,因此對後來的歷史學家研究羅馬早期歷史有著十分重要的意義。

## 6. 羅馬的「修昔底德」——塔西佗

塔西佗(Tacitus,約西元 55〜120 年)是羅馬最偉大的史學家,他在羅馬史學上的地位可與修昔底德在希臘史學上的地位相媲美。塔西佗出生於羅馬一個行省的騎士家庭,早年曾從名師學習雄辯術和法律,是著名文學家和教育家昆提良的學生。因此他的第一部重要著作就是《關於雄辯術的對話》,採用西塞羅的風格和方式討論了羅馬文風的演變,並

## 古羅馬文化的燦爛

將這種變化與羅馬社會的興衰相關聯。此後塔西佗開始在羅馬嶄露頭角，以博學多才受到元老院貴族的器重。西元 78 年，他與執政官阿古利可拉的女兒結婚，之後在政治上迅速升遷，歷仕三朝皇帝，並先後擔任過財務官、大法官、執政官、行省總督等要職。他的第二部著作是為其岳父寫的《阿古利可拉傳》。在這部傳記中，塔西佗不僅對其岳父的「政績」大加歌頌，而且記載了不列顛島上早期民眾的生活習俗和他們的制度。他善於描寫「蠻族」習俗和制度的特徵更充分地表現在他最著名的著作《日耳曼尼亞志》中。《日耳曼尼亞志》作為一部歷史文獻具有很高的史料價值，它是研究日耳曼人及其歷史，尤其是研究德國古代史必不可少的史料。西元 1 世紀的羅馬史是靠塔西佗的兩部長篇歷史著作《歷史》和《編年史》才得以流傳下來，這兩部作品也最能反映塔西佗的政治態度、史學觀點與文采風格。這兩部鉅著連在一起實際上構成了一部從提比略到圖密善（西元 14～96 年）時期羅馬帝國的歷史，是歷代史學家研究羅馬早期歷史最珍貴的資料。

塔西佗在著作中著力歌頌了那些在羅馬歷史上建功立業的英雄人物，鞭笞了那些專制帝王和宮廷中阿諛奉承、奴顏婢膝的佞臣。塔西佗極為重視歷史道德的功用。他在自己的著作中歌頌共和，反對暴政，他以犀利的文筆揭露、鞭撻、

嘲諷專制帝王的昏庸殘暴，將獨裁者的醜惡嘴臉刻劃得淋漓盡致。18世紀，啟蒙思想家伏爾泰、孟德斯鳩都將他作為反對專制統治、反對暴君的楷模；俄國大詩人普希金稱讚他的著作為「懲罰暴君的鞭子」。

## 教育的傳承與創新

教育是文明發展到一定階段的產物。羅馬的教育可以明顯地分為家庭教育和學校教育兩個階段。

### 1. 家庭教育與學校教育

古羅馬共和時代早期的教育主要是家庭教育。7歲以前，兒童在家裡接受父母的共同教育，培養道德，學習技藝。羅馬的學校教育出現較晚，西元前234年，一名獲取自由名叫卡爾維斯的奴隸開設了第一個收費的小學。共和時代後期，教育受希臘、古羅馬兩種文化的綜合影響，從家庭教師逐步形成以希臘模式為樣本的體系。西元前1世紀末期為帝國時期，教育為官方辦理，設立公立學校。小學以平民子女為主，培養臣民；中等教育和高等教育，即文法和修辭學校培養官吏。拉丁文取代希臘文之後，自然科學教育逐步削弱，教學與生活脫離。帝國時期還設有職業學校，學制4～5年，教授法律、醫學、建築學，方法以師徒傳授為主，注重實際。西元325年基督教定為國教，隨著教會興起，宗教教育興起，由教義學校、教義學院等學校教授宗教知識和一些文化知識。之後又設立兒童教會學校，逐步統治了整個教

育界,形成教會學校獨霸的局面。

　　羅馬的教育制度是在羅馬的社會政治條件下產生和發展起來的,它的最大特色就在於教育系統地為實現羅馬理想(即培養優秀的公民和傑出的演說家)提供了優質服務,並在繼承和發展希臘教育的同時,形成了獨特的拉丁文化教育。

## 2. 最偉大的教育思想家昆提良

　　昆提良(Quintilianus,約西元35～100年)是羅馬教育史上最偉大的教育家、思想家、著名辯護師和修辭學教授。他出生於西班牙,後到羅馬專攻雄辯術和修辭學。他是羅馬第一個獲得政府資助的教育家,還因辦學有功,被帝國政府授予執政官的榮譽稱號。西元96年,昆提良寫成《演說家的教育》一書,全書共分12卷,全面總結了古代西方在教學實踐方面的成功經驗,並系統闡述了自己的一整套教育思想。《演說家的教育》是西方教育史上第一本專門研究教育理論的著作,同時也奠定了昆提良在西方教育史上的不朽地位。

　　昆提良的教育目的在於培養具有最高道德修養的演說家,對此,他提出了一整套對後世頗有影響的教育方案。昆提良認為,一個人應該從幼兒階段就要接受良好的家庭教

育，受到純潔的道德薰染。昆提良十分重視學校教育的價值，認為學童只有在通過小學、中等學校和修辭學校的學習之後，才能成為一名成功的演說家。昆提良同時也十分重視教師的作用，注重對學生創造力的培養，但也強烈譴責教師對學生實行體罰，認為教師應當終身追求知識，不斷豐富自己，使用合理的教育方法，才能培養出更好的學生。

　　昆提良是古希臘羅馬教育經驗的集大成者，西方近代的教育模式實際上就是按照他的教育理論建立起來的。

# 天文的突破

古羅馬在天文方面的最大成就，就是創造了理行公曆的前身，儒略曆及托勒密的古典天文集大成之作《天文學大成》(*Almagest*)。

## 1. 儒略曆（Julian calendar）的來歷

現在，世界上通用的紀年方法是公曆，公曆則是由儒略曆演變而來的。儒略曆是以古羅馬統帥朱利亞凱薩之名命名的一種曆法，早在古羅馬時期就已經產生。

西元前 46 年，凱薩採納亞歷山大里亞天文學家索西吉斯的建議，以回歸年為依據進行曆法改革，頒布了改曆的命令。此曆規定每 4 年中頭 3 年為平年，每年 365 天。第 4 年為閏年，1 年 366 天。1 年 12 個月，單數的月分 31 天，為大月，雙數的月分 30 天，為小月。因為凱薩的生日是在 7 月，為了體現自己至高無上的威嚴，凱薩要求這個月必須是大月，因此天文學家只好將單月定為大月。六個大月六個小月使平年多出了一天，必須從某一個月中扣除一天。而當時羅馬的死刑判決都在 2 月分執行，人們公認這是不吉利的一個月，所以從 2 月分裡減去一天。凱薩遇刺之後，繼位的奧

古羅馬文化的燦爛

古斯都為顯示自己的權威，下令將自己生日所在的 8 月分定為大月，並且將 9 月分之後的大、小月全部加以對換。這樣一來，一年就有 7 個大月，又多出一天，再從「不吉利」的 2 月分減去一天，使它成為 28 天。每逢閏年，將 2 月分加一天，使之成為 29 天。現行公曆的大小月安排和每月的日數如此混亂，就是從那個時代沿續下來的。儒略曆的頒布及其不斷改進，充分體現出古羅馬曆法的先進性和天文學的高度發展。

## 2. 托勒密與《天文學大成》

托勒密是西元前 2 世紀羅馬天文學發展的集大成者，其代表作《天文學大成》是古典天文學中最為著名的一部集大成之作，在古典傳統的科技著述中占有突出地位。

《天文學大成》共 13 卷，將埃及人、巴比倫人和希臘人的天文學成就加以彙總與融合，並充分發揮古典天文學方面以幾何系統描述天地結構和天體運動的特色，論述了太陽、地球、月亮及其他行星運動的規律，提供了 1,022 個恆星的位置表及亮度，是古典時期最為完備的星圖。另外，它還詳細論述了推算日月食，確定行星位置與演算曆法的方法，介紹了各種天文儀器的製作及使用方法，成為古典時代一部最為系統全面的天文學著作。

令人遺憾的是，托勒密在天文學領域建立系統理論的同時，也進一步發展了「地心說」理論，並被基督教利用作為上帝創造世界的理論支柱，嚴重阻礙了科學宇宙觀的誕生。直到 1543 年，哥白尼提出「日心說」，才使天文學領域發生了一場革命性的變革。

## 3. 英語月分名稱的由來

公曆起源於古羅馬曆法，英文中的 January 起源於拉丁文 Januarius。古羅馬人這樣稱呼一月是為了紀念他們的守護神雅努斯（Janus）。這位神有兩副面孔，前面注視未來，而腦後一副面孔是回顧過去的。

February 是源於拉丁文中的 Februarius，這是古羅馬的節日——菲勃盧姆節（Februm）。

March 來源於拉丁文中的 Martins，是古羅馬人所崇敬的戰神馬爾斯（Mars）的名字。

April 來源於拉丁文中的 Aprilis，原意是大地回春、萬象更新的意思。

古羅馬神話中的一位掌管春天和生命的女神叫馬雅（Maina）。古羅馬人把五月稱為 Mains 來紀念這位女神，May 就是由此演變而來。

June 來源於古羅馬神話中的女神之王茱諾（Juno），羅

## 古羅馬文化的燦爛

馬人為了紀念她，就把六月稱為茱諾之月（Junius）。英文中的六月就是從這個詞演變而來。

July 來源於古羅馬統治者凱薩大帝，他死後人們將他的名字 Julius 命名為七月。

Auguest 來源於拉丁文中的 Augustus。凱薩死後，他的姪子屋大維繼任統治羅馬，因為他出生在八月，所以他就用自己的稱號——奧古斯都（Augustus）來命名八月。

英文中的 September 來源於拉丁文中的「第七」Septem，原意也是七月。古羅馬曆法原是一年十個月，後來又加了兩個月，變為十二個月。這兩個月放在年初，之後的月分順序推後，於是七月就變成九月了。

October 來源於拉丁文中的「第八」Octo，原意為八月，古羅馬曆法改為十二月後，七月變為九月，那麼八月也就變為十月了。

November 來源於拉丁文中的「第九」。

December 來源於拉丁文中的「第十」。

# 法律的奠基

羅馬法是古代世界各國法律中內容最豐富、體系最完善的法律，是羅馬人留給人類文明的一份最為寶貴的遺產。

## 1. 古羅馬法

19世紀德國著名羅馬法專家耶林在他所著的《羅馬法各階段之精神》一書中強調：「羅馬三次征服世界，第一次是以武力，第二次以宗教，第三次以法律，而這第三次征服也許是其中最為平和，最為持久的征服。」羅馬法的形成和演變是羅馬社會不斷發展和變化的結果。

羅馬法律基於理性而不是習俗，這種法律制度是根據特殊需求，以經驗為根據逐漸發展形成的。羅馬法通常是指通行於古代羅馬世界的法律。上至羅馬建國，下迄《查士丁尼法典》的完成，前後一千多年，在這中間所頒布的所有羅馬法律都叫做「羅馬法」。從時間上說，羅馬法可以分成三個時代，即公民法、萬民法和統一法時代。

羅馬的公民法時代大約相當於西元前6世紀中葉到西元前2世紀中葉。當時平民與貴族展開激烈戰鬥的一個主要內容就是成文法的制定。此前，羅馬唯一具有法律權威和功用

的就是當時人們的習慣法。習慣法由於沒有固定的成文形式，因此具有很大的伸縮性和不確定性，無形中便為貴族壓迫平民、祖護自己提供了方便。據說塞爾維烏斯改革之時曾經對罪行、立約之類法律事務制定過 50 條規則，透過抗爭終於在西元前 451～前 450 年制定了羅馬歷史上第一部成文法典——《十二銅表法》。《十二銅表法》作為羅馬國家的第一部成文法典，不僅在羅馬法歷史上占有重要地位，產生過深遠的影響，而且對羅馬歷史的發展有過重要的影響。它的制定對貴族的專橫是一大限制，而且它所反映的有法必依的精神，也為日後羅馬法律的發展指明了前進的方向。

但由於《十二銅表法》沒有完全滿足平民的要求。因此，平民和貴族之間的衝突也從來沒有停止。平民與貴族長期衝突的結果，一方面調整了羅馬公民內部的階級關係；另一方面則不斷有新法案發表，對羅馬法律加以改進和充實。著名的有西元前 445 年允許平民與貴族通婚的卡努利阿法；西元前 326 年廢除債務奴役的彼提留法；西元前 287 年規定平民有最高立法權的霍騰西烏斯法等。

西元前 3 世紀以來，透過對外征服，羅馬成了地中海的主人，版圖驟然擴大，政治、經濟發生了巨大的變化：民事和商事活動的主體成分日趨複雜，羅馬公民與異邦人以及異邦人與異邦人之間的案件日益增多；羅馬的商品經濟已經突

破了原來所能容納的限度。其內容之豐富、形式之多樣遠非公民法所能涵蓋。如此，就逐漸形成了比公民法涵蓋範圍更為廣泛的萬民法。萬民法時代相當於西元前 2 世紀中葉到西元 3 世紀初葉。

萬民法意指「各民族共有的法律」，是羅馬私法體系中的一個重要組成部分，也是共和國用來調整羅馬公民與異邦人之間、異邦人與異邦人之間民事法律關係的羅馬法律。由於萬民法是以自然理性為依據，接近自然法的觀念，沒有公民法那樣狹隘的民族性和形式主義的缺點，因而更能滿足羅馬奴隸主階級的利益要求和整個社會的普遍需求。在整個羅馬私法體系當中，萬民法是較為成熟和完善的部分，也是羅馬後期法律的主要內容。從形式上看，萬民法並不是一般國家為了規定彼此之間的關係而認可的法律，而是透過羅馬外事法官的司法活動所制定的，並被羅馬國家用強制力保證實行的法律，它是適用於羅馬公民和非羅馬公民之間的法律。這種法律的出現和發展有其更為深刻的社會背景。

羅馬萬民法的產生和發展，適應了羅馬的經濟發展和羅馬統治階級維護其統治的需求。它不僅彌補了此前公民法的嚴重不足，而且還為羅馬統治階級殘酷剝削和壓迫被統治階級提供了直接的法律依據。

從西元 3 世紀開始，羅馬帝國境內的居民地位發生了明

## 古羅馬文化的燦爛

顯的變化。從西元212年塞維魯王朝皇帝卡拉卡拉頒布敕令到查士丁尼去世，是為羅馬的統一法時期，它也是羅馬法發展的最後階段。西元212年，卡拉卡拉頒布敕令，這一敕令給予登記在任何公社之內的帝國全體自由居民以羅馬公民權。卡拉卡拉敕令的頒布，使帝國境內全體自由民獲得了公民權，從而取消了帝國內部自由民之間公民與非公民的區別，這至少對自由民來說產生了私人的平等。原先適用於不同法律主體的公民法和萬民法之間的區別已不復有實際意義。羅馬法的發展開始從創新階段進入了彙編階段，即整理和提煉的階段。

法律彙編工作從哈德良皇帝時期就已經開始了。他繼位後的第14年即西元130年就指示給著名法學家猶利安努斯一個委員會負責整理修訂現有的歷代大法官的告示，將之編成定本，賦予法律實效，是為《猶利安努斯敕令》或《永久敕令》。

進入3世紀之後，法律彙編工作更加受到各個皇帝的重視。西元295年，戴克里先指定法學家格雷高利阿努斯並編訂了一部分為6篇的法典，其內容是自哈德良皇帝至戴克里先時期的法律。西元435年，狄奧多西二世組成以安提奧庫斯為首的16人委員會，籌備彙編自君士坦丁以來的法律。3年後於君士坦丁堡頒布。法典分為16篇。前5篇為私法，

其餘則分別為公法、刑法、市政法、軍事法和教會法。但大規模、系統的法律彙編工作則是在西羅馬帝國滅亡之後進行的，即由東羅馬帝國皇帝查士丁尼下令開始進行的。

西元 528 年 2 月，查士丁尼任命法學家特里波羅阿努斯組成一個 10 人委員會，負責領導法典的編纂工作，清理以往皇帝頒布的法令，刪除其中矛盾和過時的部分，並按時間順序將所剩部分彙編成冊，是為《查士丁尼法典》，頒布於西元 529 年。凡未經輯入的敕令，一律失效。之後，又陸續完成了《法學總論》、《法學彙編》、《新敕令》三部法典。它們與《查士丁尼法典》一起被稱為《查士丁尼民法大全》，它是人們研究羅馬法的主要文獻資料。

《民法大全》不但是羅馬史上而且是歐洲各國歷史上第一部最為全面而系統的法典，它系統地蒐集和整理了自羅馬共和時期至查士丁尼為止所有的法律和重要的法學家著作，卷帙浩繁，內容豐富。它確定了統一的無限私有制的概念，提出了公法和私法的劃分標準，體現了私有制和商品交換本質的法律關係問題。它的問世象徵著羅馬法本身已經發展到了最發達、最完備的階段，對之後歐洲各國的法律和法學的發展有較大的影響。

### 古羅馬文化的燦爛

## 2. 十二銅表法的由來

　　古羅馬時期，其政體實行貴族共和制度。為了表示「民主」，專門設有十位法官處理案件。只有當 10 位法官的意見基本一致時，才能了結一樁案子。

　　「肅靜，肅靜！」羅馬法庭首席大法官用木錘重重地敲了三聲桌子高聲叫道。於是過了好一陣子，法庭才安靜下來。原來，這是一樁有爭議的案子。

　　一位老漢狀告一位青年侵吞了他姪女的財產，那青年反駁說，根本不是財產，而是女人的陪嫁。原來，一個女孩在父母雙亡之後，帶著變賣家產的所有錢財嫁給了他的未婚夫。婚後，女孩發現丈夫另有所愛從此夫妻不合。湊巧女孩的叔叔想巴結一個有錢的貴族，打算把姪女嫁給那個貴族的兒子。經過勸說，女孩提出與丈夫離婚，當女方索要陪嫁的財產時，男方卻執意不給。於是，就女方錢財的歸屬問題，法庭上下發生了爭執，就連參加審案的 10 個法官也意見不一。

　　「根據以前的慣例，女方主動提出離婚，其陪嫁財產應歸男方所有。」一個法官大聲說道。

　　這時，貴族席上站起一位中年男子，大聲說道：「可是，這位女孩的財產並非是她的陪嫁，而是她父母的遺產啊！」

法律的奠基

　　一聽這話,聽眾席上一片噓聲。原來,這個貴族男人是那位女孩準備改嫁給的另一個男人的哥哥。

　　貴族席上有人傾向女方,法官們立刻交頭接耳起來。不一會兒,就聽首席大法官宣布,女方勝訴。原來,當時羅馬的法律多偏袒貴族階層。

　　誰知剛剛宣布完了,法庭中的平民大譁起來,人們議論紛紛,都說法官不公。

　　像這樣的事情時常發生。因為在羅馬共和制的初期,許多法律都是習慣法,它的解釋權操縱在貴族法官手裡。有時貴族法官在判案時,往往憑其握有的解釋權任意曲解法律,迫害平民。時間一久,平民怨聲大起,紛紛要求國家制定統一的法律。

　　西元前461年的一天,羅馬上千平民湧到保民官阿薩家門前,強烈要求阿薩為民做主。阿薩好不容易說服了這些平民,然後數次上言共和政府,要求編定成文法律,以便平息平民反對貴族的抗爭。但此問題又拖了數年沒有結果。直到西元前454年,羅馬政府才派出3名使者到希臘考察法律,著手編訂法典。

　　卡拉卡拉(西元212～217年)是古羅馬著名皇帝,其大理石胸出土於羅馬,現存梵蒂岡博物館。

　　編訂法典的工作由大法官克勞狄烏斯主持,首先編出十

## 古羅馬文化的燦爛

表。第二年又成立了新的十人委員會，續編二表。總計十二表。法典的內容雖然沿襲了傳統的法律習慣，仍以保護貴族利益和私有制為主，但它畢竟有章可循，多少限制了貴族的橫行不法行為，所以平民還是接受了它。不久，羅馬人民異口同聲地提出請求：

「把法律公布於眾！」

「把新法刻在石頭上，讓它永存於世！」

「把新法刻在銅板上，讓它昭示天下！」

經過元老院表決，羅馬政府決定，用 12 塊銅板將這些法律刻上去。因為當時人們認為，銅是最堅硬耐久、又能把文字刻上去的東西。

西元前 450 年的春天，一個風和日麗的日子，羅馬廣場上萬人湧動，12 塊金光閃亮的銅表立在廣場的一邊，人們爭相觀看和閱讀。

「十二銅表法」條文明確，量刑定罪以條文為準，在一定程度上限制了貴族的不法行為，為羅馬的強大提供了法律保障。尤其值得稱道的是，隨著羅馬帝國的強大，以及它的勢力範圍的擴大，「十二銅表法」在廣大歐洲地區推行，影響相當深遠，成為歐洲法學的淵源。

# 拉丁文字的傳世之作

　　拉丁文字是世界上流傳最廣的文字之一,是羅馬文明對世界文化的一大貢獻。我們見到的最早使用拉丁字母刻寫的銘文發現於普雷內斯大飾針上,這是一枚西元前 7 世紀的斗篷別針,文字從左到右寫著「MANIOS MEDFHEFHAKEDNUMASIOI」,意思是「馬尼烏斯與努美里烏斯製作了我」。那你知道羅馬人使用的拉丁文字是怎麼來的嗎?

　　拉丁文字是由居住在第伯河畔的拉丁姆平原上的拉丁人首先創造出來的,屬字母文字。古典拉丁文有 23 個字母,其中 21 個是從埃特魯里亞人的文字衍生出來的,中世紀時,字母 i 分化為 i 和 j,v 分化為 u、v 和 w,這樣就產生了 26 個羅馬字母。即大家熟悉的:

　　Aa,Bb,Cc,Dd,Ee,Ff,Gg,Hh,Ii,Jj,Kk,Ll,Mm,Nn,Oo,Pp,Qq,Rr,Ss,Tt,Uu,Vv,Ww,Xx,Yy,Zz

　　大約在王政時期,老塔克文與伽比訂立了特別條款,訂約時曾殺死一頭雄牛為祭。該條約書寫於牛皮之上,藏於奎里納爾山丘的聖庫斯神廟。該殿可能被毀於高盧人的兵燹,

## 古羅馬文化的燦爛

殿中的許多古物收藏得以保存了下來。還有塞爾維烏斯圖里烏斯國王與拉丁姆締結的盟約，它原刻在銅表上，藏於阿芬丁山上的狄安娜神廟中。到帝國時期，隨著帝國政府對其他民族統治的加強，拉丁語這一羅馬帝國的官方語言得到迅速的傳播，除了在少數地區受到希臘語抵制外，它逐漸取代了其他民族的語言，成了地中海世界最主要的語言。在全世界各種文字系統中，拉丁字母稱得上是流傳地域最廣的文字。它隨著基督教的傳播走遍了大半個地球，整個美洲、大洋洲、西歐和非洲、東歐、南亞的大部分地區都留下了它的足跡。

拉丁文字繼承並發展了希臘文字形體上的優點：簡單、勻稱、美觀、便於閱讀和連寫。由於拉丁文字本身的這些優點，法國人、西班牙人和葡萄牙人繼承了它，形成了「拉丁民族」。現在，拉丁語已經成為國際性書面語，由於它的中立性和不變性而成了世界人民的共同財富。

# 科技的發展與成就

　　古羅馬的自然科學知識，是在總結羅馬人長久以來的生產經驗和吸收地中海諸民族科學成就的基礎上發展起來的，充分展示出羅馬人卓越的才華。

## 1. 羊皮紙的發明

　　羊皮紙和中國蔡倫發明的造紙術，它們都大大地促進了人類的文明過程，使古羅馬和中國的文明流傳至今。

　　古代世界各國人寫字的用具和方式真是五花八門：中國人最先是將象形文字刻在甲骨上，然後是刻鑄於銅器上，後來用筆寫在絲絹上，稱為「帛書」；而古埃及人把字寫在採自尼羅河畔的一種蘆草上，後人稱之「紙草書」；古印度人則把椰樹葉壓平、剪裁整齊用以記事，並稱為「樹葉書」；西亞兩河流域的先人則是將文字在泥板上刻好後，再放到火上燒製而成「泥版書」……

　　而古希臘人、古羅馬人則是將小牛皮或羊皮加工製作成「皮紙」，當做高級書寫用具。皮紙是由專門的工匠製作，工匠首先把胎牛皮、小牛皮或羊皮加工鞣製，使其軟化，然後用器具刮去上面的附屬物，使組織表面平整光滑，而且柔韌

## 古羅馬文化的燦爛

細薄，人們習慣把它叫「羊皮紙」。

人們用羽毛或蘆管當筆，蘸了墨水之後把字寫在羊皮紙上，然後裝訂成冊。他們看的書是手抄本的，誰要是想得到一本書，就只有去抄寫了，當時的富貴之家都有抄書的奴隸。

另外，為了便於保存和攜帶，聰明的古羅馬人還常把厚疊的書冊用木板進行上下固定，稱其為「書板」，這樣還可以防止亂頁、掉頁。當時著名政治家、大學者西塞維，每次去競技場觀看角鬥表演時，都隨身帶著「書板」，當表演項目慘不忍睹時便獨自翻閱起「書板」。

羊皮紙的使用，讓羅馬人發明了奇特的「蠟版書」。蠟版製作方法是：先用黃楊木或其他細質木材做成小板，在木板中間部位挖出長方形凹槽，用以盛放黃色或黑色熱熔的蠟，內側上下兩角（相當於當代書的訂口位置）鑽有小孔，然後用繩穿過小孔將許多木板串連起來，這樣可以使裡面的蠟版不受磨損。

蠟版的書寫工具是用金屬做成的針，也有用象牙或骨頭做的。這種針一端是尖的，用以在蠟版上劃字；另一端則是圓的，用以修改寫錯的字。因為可以修改，所以蠟版可以反覆使用，他們多用它來記事，它還有練字、寫詩或記帳等等多種功能。

蠟版書的流傳和使用頗為廣泛，無論學者、詩人，還是僧侶、商人都用它。蠟版書，用金屬和象牙作為底板和封面，做工精緻，畫面美麗。但蠟版圖畫在當時是比較珍貴的。

據說，古羅馬人發明的蠟版書在歐洲一直沿用到十九世紀初。目前，在羅馬以及那不勒斯城的國家考古博物館中，都珍藏有古羅馬時代的蠟版書。

但蠟版書也有其缺點：在蠟版上書寫的字跡比較容易因為受到磨擦而變得模糊不清，而且由於使用的材料和工具比較粗糙堅硬，不便於進行精細和工整的書寫，多為草書。

## 2. 鹽與薪水

眾所周知在英語中，鹽是「salt」，而薪水則是「salary」，現代義大利語中，「薪水」一詞的詞根就是「鹽」，過去的人們常常用鹽來代指薪水，那麼這個傳統從哪裡來呢？鹽對於古羅馬人來講意味著什麼呢？

鹽是人類食物最初的佐料，它徹底地改變了人類的飲食習慣，人們在評價某個菜沒有味道的時候會說「沒有鹽味」，可見，鹽在五味中是最重要的，人體缺了鹽會產生各種疾病甚至危及生命。所以很多西方人都把鹽作為一種珍貴物品。

### 古羅馬文化的燦爛

　　西元前 6500 年，居住在歐洲的古代人就已開採歐洲大陸上最早發現的鹽礦了。鹽能淨化水，醃肉醃魚以便長期保存，為食品提味。鹽還是希伯來人、希臘人與羅馬人在重大的祭祀儀式中的一種供品。

　　古羅馬人將鹽視為珍寶，因為鹽既是配餐佐料，又是治療傷口的良藥。而且正是這個原因，人們才用鹽新創了許多詞語，這些詞語已成為英語的一部分。當時的「salarium」（鹽錢）就是英文「salary」（薪水）一詞的詞源。

　　在正式的流通貨幣出現之前，古希臘人和古羅馬人常用鹽來購買奴隸。如果奴隸主認為他的某一奴隸不夠勤快、勞動不力的話，他就會說這個奴隸：「他不值那麼多鹽。」古羅馬軍團還曾經用鹽來支付士兵的薪餉，因為士兵們可以享受特殊津貼，多領幾份鹽。奴隸主評價奴隸的那句「他不值那麼多鹽」，若用到士兵身上，那就意味著扣他的薪水了。

　　羅馬帝國強盛時期，所謂「條條大路通羅馬」，而最著名的便是「鹽路」。在這條路上，羅馬的遠征軍開進開出，商人們趕著滿載鹽塊的牛車，從遙遠的東方直奔羅馬的臺伯河。

### 3. 混凝土的發明

　　聰明的古羅馬人發明了現代化建築的最基本材料混凝土。古羅馬人在石灰和沙子的混合物裡摻合進碎石子製造出

混凝土。他們使用的沙子是稱為「白榴火山灰」的火山土,產自義大利的波佐利地區。

古羅馬人將混凝土用在許多壯觀的建築物上。如古羅馬最偉大的圓形露天競技場,假如沒有混凝土,建造起來就非常困難。

西元 476 年古羅馬衰亡後,用白榴火山灰製作混凝土的技術在西方逐漸被人們遺忘了。

但 1756 年,英國工程師約翰斯米頓重新發現了這一技術,那時他正在尋找一種用來建造德文郡的埃梯斯通燈塔地基的材料。工程師發現用沙子可以代替白榴火山灰,這樣,在建築物中使用混凝土再次流行起來。1860 年代,法國的約瑟夫莫里爾首次將混凝土用於摩天大樓等大型建築物中。

## 4. 肥皂的發明

羅馬人是非常聰明的,他們的祖先在大約兩千多年前就發明和使用了肥皂,但是,原先的古羅馬人僅是用水來沖洗雙手,大約在兩千年前,他們開始製作最原始的肥皂。它是以草木燒的灰和動物脂肪為基本原料而製成的,草木灰能去汙,脂肪可將草木灰聚合成一定形狀且滑軟易用。古羅馬時有專門的作坊成批生產肥皂,以供應市場需求。西元 1 世紀,羅馬著名學者普林尼在其《自然史》中曾記述,一種用

## 古羅馬文化的燦爛

山羊脂肪及水青風樹燒成灰製成的肥皂，去汗力十分強，很受人們歡迎。

### 5. 普林尼與《自然史》

古羅馬著名科學家普林尼（約西元 23～79 年）同時也是一位百科全書式的作家，他學識淵博，思維敏銳，以其堅強的普林尼性格使自己成為古代羅馬的楷模，他的《自然史》更是他留給人類的一份豐厚的科學遺產。

普林尼出生於義大利北部科莫的一個騎士貴族家庭。少年時曾求學於羅馬，完成學業後便從政為官，終身仕途忙碌。在日耳曼行省任騎兵長官期間，普林尼與羅尼皇帝提圖斯過從甚密，交誼甚篤，及至提圖斯之父維斯帕先當政之時，普林尼擢升更快，先後出任西班牙、高盧、北非等地的財政官和駐麥散那的海軍艦隊司令等要職。

普林尼一生手不釋卷，學習刻苦，分秒必爭，並隨時記下他認為有價值的資料。在他去世後留下的筆記多達 160 卷，而他生前所寫成的書就有七部近百卷之多，其中以《自然史》最為重要，並完整流傳至今，被譽為是古代最為淵博的科技著作。其他六部《在馬背上使用標槍的藝術》、《龐波尼烏斯西孔圖斯傳》、《日耳曼戰爭史》、《學者》、《語言學問題》、《歷史續編》已經散失，僅存片段。

在《自然史》的前言中，普林尼強調這本書是獻給提圖斯的，而他寫這本書的目的主要是為了研究「事物的本質」，以便為現實生活和生產提供借鑑和服務。全書共 37 卷，第 1 卷實際上是第 2 卷至第 37 卷的提綱，簡介各卷的內容和材料來源；第 2 卷至第 6 卷講的是自然地理、歷史地理和民族誌；第 7 卷講人類學、生理學和心理學；第 8 卷至 11 卷為動物學，包括哺乳動物、兩棲動物、魚和其他海生動物、鳥類、昆蟲類；第 12 卷至 32 卷介紹藥物學，包括藥用植物和藥用動物；第 33 卷至 37 卷為有關礦物學、冶金學、化學工藝學、建築學和藝術史等方面的內容。全書記載的各種事物多達近兩萬種，其 34,707 個條目按學科可以歸納為八大部分。由此可見，由於羅馬在當時已經彙集了希臘與東方文明長期發展的成果，其自然科學知識已經較為豐富和全面。

在寫作《自然史》的過程中，普林尼參考引用的古代文獻多達兩千種，提到的羅馬作家有 146 位，非羅馬作家 327 位，其中參考較多的主要學者就達百人以上。儘管普林尼本人在學術研究中沒有什麼新的創見，但在自然科學不受重視的古代，他傾全力蒐集、整理和挖掘出當時一般人忽視或輕視的相關領域內的知識，為後世保存了大量瀕臨散失的古代科學資料，使許多古代的科學知識得以保存下來，為我們研

## 古羅馬文化的燦爛

究古代的自然科學知識和了解古代的物質和精神文明提供了珍貴的依據。

《自然史》對於我們研究古代自然科學、歷史和語言具有極高的價值,對近代歐洲科學技術的發展產生了深遠的影響。

### 6. 農學家瓦羅

農業是羅馬最重要的生產部門,所以羅馬人特別重視農業科學知識的普及和推廣,由此也產生了一批重要的農業家和農業著作。加圖(西元前 234～前 149 年)是古羅馬第一位農學專家,也是羅馬農學的鼻祖,他在西元前 160 年完成的《農業志》是羅馬歷史上第一部農業著作。該書內容豐富,觀點鮮明,不但總結了他自己長期從事農業經營管理的經驗,而且也總結了前人的實踐經驗,對於奠定古羅馬農學的基礎和指導當時和後世的農事都產生了正面的作用。

瓦羅(西元前 116～前 27 年)是羅馬第二位農學家。如果說加圖的農業著作反映了西元前 3～前 2 世紀羅馬的農業經濟,特別是中等奴隸制莊園經濟狀況的話,那麼瓦羅的農業著作則較為全面地反映了西元前 1 世紀的羅馬農業經濟,特別是奴隸制大農莊的經濟狀況。

瓦羅的著作達 75 部、620 卷之多,內容涉及天文、地

理、航海、算術、語言、文學、歷史、哲學、宗教、農學，幾乎包羅萬象，但這些著作中的絕大部分在「公敵宣告」之中毀於兵燹人禍之中，《論農業》是他唯一完整保存下來且又最具有代表性的著作。此書大約完成於西元前37年，是瓦羅在80高齡時為其妻子豐達尼亞而寫的。《論農業》共分3卷：第1卷論述農業本身，包括引論、農業的目的和範圍、宅院建築、土地耕種、農作物的護理、收藏和加工等；第2卷論述畜牧業的起源和牛、馬、騾、豬、羊、狗等家畜的選購、飼養、繁殖和疾病的防治；第3卷論述家禽、鳥類、獸類、蜜蜂和魚類的飼養和經營。該書既較為全面地反映了西元前1世紀羅馬農業的經濟狀況、經營方式、管理方法、技術水準，也表現了瓦羅的農業思想。

瓦羅的農業思想和農學體系在農學史上不僅占有承前啟後的重要地位，而且具有開創的意義。

## 7. 地理學專家史特拉波

西元前2世紀，地理學開始在羅馬興起，在多部科學著作中都出現過對地理學的精確描述。但對羅馬地理學影響最大的還是史特拉波和他的《地理學》。

史特拉波（約西元前64～西元23年）是古希臘著名的地理學家和歷史學家。他編著的17卷本《地理學》一書，是

## 古羅馬文化的燦爛

古代希臘為後世留下的篇幅最大、資料最為豐富的地理學專著。直到今天,史特拉波的著作不僅對於古代地理學和歷史學研究,而且對於古代其他學科的研究,都是一個重要的資料來源。

史特拉波出生於希臘本都地區阿馬西城的一個貴族家庭,幼時受到了良好的文化教育。20歲時移居羅馬,並有機會結識各學派的知名人物,接受他們的教育,這對他爾後的學術思想產生了重大的影響。西元前29年,史特拉波在羅馬結識了奧古斯都的親信加盧斯,次年加盧斯出任埃及總督,他隨同前往,並在埃及逗留多年,遊歷了埃及的主要城市。他還和加盧斯一道沿尼羅河上溯探險,直到西恩納(今阿斯旺)和衣索比亞邊境。這些地理考察和探險活動不僅使史特拉波大大開闊了眼界,而且使他從此與地理學結下了不解之緣。晚年,他定居羅馬,潛心《地理學》一書的寫作,由此奠定了自己在地理學上的宗師地位。

《地理學》不僅廣採博收了前人的優秀成果,而且全面、系統地描述了直到羅馬帝國時代的整個古代西方世界,被譽為古代最全面、資料最豐富的地理學專著。史特拉波的《地理學》共分17卷:其中頭2卷是引言;第3卷至第10卷講述了歐洲地理,特別是西班牙、高盧、不列顛、義大利、日耳曼、斯基泰、巴爾幹半島等地區的地理狀況;第

11 卷講亞洲的概貌；第 12 卷至第 14 卷講小亞細亞；第 15 卷講波斯和印度；第 16 卷講兩河流域、敘利亞、阿拉伯；第 17 卷講埃及和北非地區的地理狀況。這種將歐亞非三大洲囊括其中的世界地理學，充分顯示了羅馬帝國時期人們視野的開闊和空間觀念的拓展，直到哥倫布航行美洲之前，該書一直是涉及歐洲已知世界全部的名作。

古羅馬文化的燦爛

## ● 雕塑藝術的精湛技藝 ●

　　古羅馬人在雕塑藝術方面取得了令世人曙目的成就。

　　在羅馬梵蒂岡博物館中，陳列了一件造型奇異、刻製精美的石雕：一老二少的三個男人正被兩條巨蛇撕咬和纏繞著，它就是著名的古羅馬藝術珍品：勞孔群像。

　　勞孔群像創作於羅馬帝國初期提比略時代。西元1世紀羅馬的科技名著《自然史》中曾有記述：「這件作品藏在提圖斯的皇宮裡，是一切繪畫和雕刻之中最傑出的。

　　從米開朗基羅到巴羅克大師貝貝尼，200年間藝術家觀摩學習仿效它的不計其數。18世紀時，美術史家溫克勒曼又把它作為古典藝術理想的典範，以闡發其「高貴的單純和靜穆的偉大」的理論。美學家萊辛還寫了《勞孔》一書，將之比為美學研究的楷模。19世紀以來，人們對希臘、羅馬了解愈多，勞孔群像的歷史意義也就越深入人心。現在，學術界普遍把它當作希臘化雕刻的代表作，認定其具體製作年代為西元20年前後，歸屬於羅馬藝術的範疇。

　　勞孔群像是按照維吉爾名作《艾尼亞斯紀》史詩的描繪而創作的。在維吉爾的詩中，希臘人的「木馬計」被特洛伊

城的祭司勞孔識破,他極力警告和勸阻國王千萬不要把木馬拉進城,但特洛伊人拒絕了他的勸告並把木馬拉進城裡,最終導致特洛伊城被希臘人攻陷。勞孔對計謀的識破和對特洛伊的勸阻都得罪了希臘人的保護神雅典娜,後來雅典娜派遣了兩條巨蛇把勞孔父子三人活活纏死。作品描寫的就是這一悲劇性場面:

一條巨蛇正凶殘地撕咬著勞孔的腹側,勞孔左手緊緊攬住蛇頸,力圖將牠拉開。他的右手將蛇身高高擎起,想擺脫開牠的纏繞。在左邊,他的大兒子正在伸手向他求救,而右邊的小兒子被巨蛇纏繞撕咬,已經無力掙扎。勞孔看到兒子被巨蛇折磨瀕死的表情,自己被撕咬和纏繞而無力相救,心靈和肉體上的痛苦均寫在臉上。他面孔扭曲變形,張口大聲嘶喊,渾身肌肉痛苦地抽搐。這組雕塑充滿著緊張和悲壯的氣氛,是人類雕塑史上最為傑出的精品。

在無數藝術家和學者的眼中,勞孔群像最為驚人之處是它以爐火純青的技法完美地表現了人的動態與感情,其豐富、深沉與典型皆非當時可見到的其他古典遺物所能及,堪稱古羅馬藝術的楷模。

## 古羅馬文化的燦爛

# ● 醫學的進步 ●

羅馬的醫學也是在希臘醫學的影響下發展起來的。西元前 14 年，羅馬建立了世界上最早的公立醫校。為羅馬醫學的發展做出突出貢獻的，是馬可‧奧里略皇帝的御醫加倫，他在解剖學、生物學、病理學和醫療等方面均有建樹，長期被西方醫學界奉為經典。

加倫（Galen，西元 129～199 年）是古羅馬最著名的醫生和古典醫學的集大成者，也是古代歐洲最後一位醫學大師。他出生於小亞細亞帕加馬地區的一個書香之家，自幼受到了良好的教育，成年後前往愛奧尼亞、科林斯和亞歷山大里亞等地遍訪名師，研習醫學與哲學，此後即以行醫為自己的職業。西元 168 年由於醫術高超被羅馬皇帝招為御醫，此後便長期在羅馬宮廷服務，直到去世。加倫一生勤奮，除行醫之外還潛心著述，據說其著作多達 131 部，流傳至今的有 83 部。最重要的醫學專著有《論理想的醫生》、《論醫術》、《解剖過程》、《人體各部位的作用》（*On the Usefulness of the Parts of the Human Body*）等。

加倫被後人公認為歐洲一千多年來醫學上的絕對權威，

其醫學成就不僅奠定了西方醫學的基礎，而且代表了古代希臘、羅馬醫學的最高水準。一方面他對以往的醫學成就作了高度的概括與總結；另一方面，他又繼承了希波克拉底的體液說和埃拉西斯物拉塔的生理學說，並以亞里斯多德關於靈魂的自然哲學思想為基礎，結合自己從事解剖學研究的一系列重大發現，建立了一套較為完整而又自成體系的醫學理論。從加倫的著作和整個醫學體系中可以看出，他在動物解剖方面確有其獨到精深之處。他試圖透過動物解剖發展醫學的方向不僅象徵著解剖學的萌芽，而且有力地推動了醫學的發展。他在解剖學方面的偉大成就，不僅在歐洲，在世界上也是空前的，他不僅由於最早奠定了實驗生理學的基礎而被稱為實驗生理學之父，而且他還是最早認真研究解剖的學者，為世界解剖生理學的發展做出了傑出的貢獻。

此外，加倫在生理學、病理學、藥物學、治療學方面也有較為卓越的貢獻，為西方的生理學和診斷學奠定了基礎。

## 家庭文化的生活縮影

羅馬家庭是羅馬國家的縮影。它是以血緣、宗教信仰和愛國心為紐帶組成的。羅馬自王政時代起,父權制大家庭就取代氏族公社,成為社會的基本單位。父權,是構成羅馬家庭的基礎。父親在家庭中享有絕對的統治權,可以用任何方式處罰其他成員。他嚴格而謹慎地執掌家庭的祭祀儀式,維持對祖先的崇拜和了解。他出席各種集會,從不放棄對任何決議或選舉的表決權,而且隨時準備參軍,為使城市和家庭免遭侵害而盡自己的責任。

古代羅馬與古代世界許多民族一樣,重男輕女。小孩出生之後,如果是男孩,要立即放在地上以感謝地神,並以此來檢驗小孩的體格是否強壯。此後才由接生婆將男孩放到父親腳邊,意為他屬於父親,此後的教育、撫養權力歸屬父親。如果生下的是女孩或身體不健全者,父親有權將之遺棄。

在男嬰出生的第 9 天或女嬰出生的第 8 天,家中要為他們舉行潔身儀式,其中包括用清水灑身、祭奠神靈、取名字等等。父母和親友向嬰兒贈送禮物(通常是鋤頭、鐮刀、斧

頭和劍的小型複製品）。母親將這些禮物串成小項圈，既供嬰兒玩耍，也作驅魔避邪的吉祥物。同一天還要在嬰兒脖子上掛一個帶有小金屬盒的項圈，名曰「布納」，盒內裝著寫有「幸運」字樣的護身符。這個項圈男孩子一直戴到17歲，女孩子戴到結婚。這些活動表示這個家庭及其整個家族對孩子的認可和接受。

在羅馬，父親身為家庭祭司，是理所當然的家庭主宰。在家庭內部，無論是他的妻子兒女，還是他的寡母都必須無條件地聽從他的指揮，至於屬於私人財產的奴隸就更不在話下。在家長權威的制約下，羅馬婚姻堅持一夫一妻制的原則。共和初期羅馬實行的是有夫權婚姻。所謂有夫權婚姻，是指女子出嫁後，斷絕與原有家族的法律關係，而成為丈夫家族的成員。她祭祀夫家祖先，改從夫家姓氏，為夫權所「支配」。丈夫有權對妻子進行懲罰、出賣甚至殺死。

共和後期，有夫權婚姻被無夫權婚姻取代，婦女在家庭中的地位得到改善。這種情況的出現一方面與羅馬社會的發展密切相關，另一方面則與羅馬婦女經濟地位的改善、政治地位的提高以及婦女在社會文化活動中地位的提高有關。無夫權婚姻使妻子依舊隸屬於原有父系不受夫權支配，對子女完全享有母親的資格。她操持家務，紡線織布，撫養孩子，教育子女，向奴隸支派工作，監督他們的勞動。另外，在有

夫權婚姻下，丈夫可以單方面做出與妻子離異的決定，而妻子則無此權利。所以在有夫權婚姻中，離婚是丈夫的特權，實際上是丈夫可以任意拋棄妻子。在無夫權婚姻中，夫妻雙方均有同等要求離婚的權利，也無任何限制。

　　第二次布匿戰爭之後，由於成千上萬的羅馬戰士離開家庭，奔赴戰場，這不僅使羅馬人大大地開闊了眼界，而且導致財富增加，奢侈品輸入，很多家庭男子死於疆場，家產落到了婦女手中，導致羅馬婦女的經濟地位有了明顯改善，婦女開始獨立地處理自己的事務，這就導致家庭內部婚姻破裂者日益增多，其原因一方面是由於家庭內部不和，感情反覆無常；另一方面則是由於政治上的緣故。這方面羅馬帝國的創立者奧古斯都就是典型例子，婚後僅僅一年，他就在其子出世那天與妻子離婚，不久就與另一位已婚婦女再次結婚。至於他的女兒朱麗亞更是為了政治原因而三度成親。由此可以看出，這種婚姻根本就談不上家庭內部的幸福。對於這些道德淪喪之舉，羅馬政府也曾經試圖用法律來予以約束，以改革這種不良的生活方式，對不道德者當時甚至處以嚴懲。

　　但是，這卻阻止不了歷史發展的大趨勢，整個帝國充滿著暴力、貪汙、賄賂和揮霍無度的墮落景象，從而最終導致了羅馬帝國的滅亡。

# 婚禮的儀式

## 1. 帝國的婚姻

羅馬帝國初期的婚禮實行一種比較簡單的形式。通常在新娘的父親家舉行婚禮。結婚前要先訂婚，一對新人在雙方的親朋好友面前交換結婚信物。新郎送給新娘一些禮物和一枚戒指，新娘將戒指戴在左手的無名指上。結婚當天舉行犧牲祭禮。之後，新人彼此承諾，再緊握雙方的右手以表忠誠。握手也是一種允諾的表示，並且象徵將和諧相處。入夜，在婚宴後，一隊快樂的行列以火炬護送新娘，在笛聲和新婚組曲的陪襯下，一路到達新郎的家中。新娘由新郎抱入門檻。在進入洞房之前，新娘必須與新郎分享水和火。

## 2.「共食婚」

古羅馬貴族熱衷實行的是一種古老的「共食婚」禮儀。之所以稱為「共食婚」，是因為在結婚儀式上新婚夫婦要共食麵餅，且婚禮要在朱比特神的祭司和公證人面前舉行。先由新娘的父親祭告祖先和神靈，言明今日要將女兒嫁給某家；然後由新郎（或新郎指定的代表）把新娘迎至家中。新

娘到達後，新郎要在家神之前用水為新娘行齋沐之禮，並扶著她接觸一下火神；然後，在院中宰殺一頭牛，祭奠家神，同時家人和親朋共同吟誦祭神的詩歌；最後以新郎新娘當眾共吃一塊麥麵餅而結束儀式。

　　一般情況下，人們認為 6 月是上好吉月，具體時日要由祭司用占卜方式確定。據說，凱薩的父親出生在一個古老而顯要的貴族家庭，所以他和凱薩的母親結婚時，就是遵循上述要求實行共食婚的。後來，凱薩的父親當上了羅馬政府的行政官，並出任過亞細亞行省的總督。這也許就是「吉日結婚，神靈保佑」的結果吧。

### 3. 習慣婚禮

　　古羅馬帝國時期，女孩子的婚姻開始於 12～13 歲，男孩子則在 18 歲左右。而元老家族圈子狹小，男孩子們大概在 24 歲開始行政官任期時就成親。

　　在羅馬，結婚的方式很多，有錢人更是顯著。最隆重的方式是在 10 個見證人面前獻上禮品，只有貴族結婚時才沿用這種儀式，共和末期逐漸消失。第二種結婚的方式是在至少 5 個見證人面前「買」他的妻子。這是古代流傳下來的一種儀式，丈夫必須要送給岳父聘金才能得到他的女兒。第三種方式也是最普遍的方式，稱為「習慣」婚禮，也就是男女

雙方在經過一整年的共同生活後，女人自然地進入丈夫的家庭。事實上只有羅馬人對這種類型的婚姻有興趣，至少是有錢的羅馬人。由於婦女的死亡率偏高，離婚又很容易，往往只要寫一封休書就可以了，所以有錢的羅馬人平均要締結三次夫妻財產制的婚姻。

## 4. 換妻禮

西元前 1 世紀，卡東允許奧東希烏斯與他懷孕的妻子結婚；但在奧東希烏斯死後，卡東又「再娶回」他的老婆，這就是換妻禮。為什麼會出現這種情況呢？因為古羅馬時期的婚事通常由父親安排，因此婚姻並不是建立在個人的感情和愛情上，而是建立於融洽的相處及傳宗接代的必要性上，尤其是家族擁有龐大的財富時，這項任務更不簡單，並非為逃避責任或習俗的腐化，全是因為孩童的死亡率偏高。當時，僅有三分之二的嬰兒能安全度過幼兒期的成長，其中又只有二分之一可能會活到 20 歲。並且，也因為超過 20 歲後的女人，在生育能力方面就大大地減低。所以古羅馬人時代，交換妻子或娶懷孕女人為妻，一點也不足為奇。

古羅馬文化的燦爛

## ● 服飾的文化 ●

　　古羅馬的服飾承襲了古希臘傳統但又有所發展。當時，不分男女貴賤，古羅馬人都穿寬大的圍裹式長衣長袍，衣長至踝骨上或直拖至地，這成了古代羅馬文明的象徵。

　　羅馬人的衣服質料以亞麻為主，其次是絲綢和皮革。大約在西元前3世紀左右，羅馬人才開始穿棉布，當然羅馬貴族最為喜愛的還是絲綢。在衣著方面羅馬人極為保守。整個羅馬時期，寬袍都是人們用於正式場合的唯一外套。寬袍事實上是一段長18英尺、寬7英尺的羊毛織品。現代人很難想像，在沒有別針或鈕扣的情況下，羅馬人是怎樣將這一大幅織物披裹在身上，且既穩妥又行動自如。在寬袍裡面，羅馬的男人還要穿一件長及膝蓋的無袖緊身衣，冬天或雨天出門穿一件帶頭巾的斗篷。婦女的衣著與男子相似，款式變化極少。婦女穿一件比男人穿的要長許多的短袖束腰內衣，外面穿一件女式寬鬆長袍。著裝的顏色不同，往往反映了不同的職業和表現了某種象徵意義。如哲學家穿藍色的長衣，象徵他們學識淵博像海洋；醫生穿綠色的長衣，寓意病危的人會轉危為安，對生命充滿了希望；占卜者、星相家穿白色的

長衣，表示他們誠實可靠，不欺騙別人；神學家穿黑色的長衣，告訴信徒們他們作為上帝的使者，是莊嚴、公正和值得依賴的。

　　在古羅馬，貴族的服色多為深紅、鮮紅或乳白，平民的服色多為深灰、淺灰色。特別是貴族婦女的圍裹式長衣，多用絲綢製成，色彩絢麗，圖紋精美。古羅馬人除了農夫或旅行者，一般人很少戴帽子。鞋子，從士兵笨重的鐵丁牛皮靴到時髦婦女的鮮豔精巧的繡鞋，應有盡有。

## 古羅馬文化的燦爛

# ● 精緻的飲食文化 ●

古羅馬的烹飪文化比較落後，後來受到了希臘文化的影響，羅馬人才開始重視烹飪文化。當時，古羅馬宮廷膳房的分工已經很細緻，由麵包、菜餚、果品和葡萄酒四個專業部門組成，廚師總管的身分地位很高，幾乎與貴族大臣等同。一般的奴隸主，家中是請不起高級廚師的，只有在舉行特別盛大的宴會時，才會重金禮聘高級廚師來掌廚，廚師的名氣越大，主人便越覺榮耀。

許多王公貴族，還會在自己家中試做調味品，每一種調味品都由多種原料複合而成，如蛋黃、素油、檸檬、胡椒粉、芥末等等。有的貴族家庭還會用本家的名字來為獨創的調味品命名，以顯示自己門第的聲威。此外，古羅馬人還創造出世上最早的乳酪蛋糕，並將這一傳統保持下來，直到現在，世上最好的乳酪蛋糕仍然出自義大利。

羅馬人像現代人一樣每日三餐，以午餐為主。午餐由作為家庭主婦的妻子親自安排，專職廚師精心製作。古羅馬人的午餐包括三道菜，首盤為開胃涼菜，主要是生拌蔬菜、鹹魚與雞蛋的拼盤等；主盤為熱菜，大都是魚肉腥葷；尾盤為

甜點，主要是各式水果。主食則是麵包或麥片粥。

有人說，羅馬人是靠喝麥片粥征服了世界，此話有一定道理。因為羅馬人食用的主要就是小麥、大麥和豆類。最初，羅馬人是將麥子放在缽裡搗碎，摻進水揉成麵糰，再煎成一個個厚餅。後來有了磨坊和麵包坊，開始生產圓的、扁的、不同分量和品質的麵包。羅馬的麵包坊約有 170 餘個，由政府掌管，租給麵包師經營。手藝高超的麵包師往往享有各種特權，因而成為最早的行會團體。

羅馬城四周的空地是農作物市場。市場上有白菜、蘿蔔、大豆、碗豆、甜菜、萵苣、龍鬚菜等，食用時用橄欖油烹燒。義大利大蒜銷路最好，因為羅馬人認為這種佐料的刺鼻氣味是十分令人愉快的。當時的水果主要是葡萄和橄欖，葡萄酒則是羅馬貴族和平民喜歡的飲料。富有者會在酒中加些蜂蜜等添加物。他們甚至還喝冰鎮葡萄酒，即在酒中加一些雪。儘管雪沒什麼技術含量或優質名牌，但由於當時沒有製冷設備，若非冬日，終究得之不易，其屬奢侈品當無疑問。各種水果製作的甜醬則是羅馬人重要的佐餐品，直到今天歐洲許多國家的居民還在食用這種佐餐品。

羅馬人以食豬肉和牛肉為主，也食用馬、羊等。但由於價格昂貴，肉類在早期羅馬人的飲食中比重很小。後來，農民開始食用醃魚，中等階級的餐桌上也經常出現雞蛋、豬

## 古羅馬文化的燦爛

肉、火腿和香腸;富人則不惜重金以獲得稀有肉食,如山禽等等。

　　餐桌上,各種銀製的餐具盛滿了精美的菜餚,希臘的葡萄酒和本都的魚也逐漸出現在羅馬富豪的餐桌上。羅馬人的午餐大約從下午3點鐘開始,往往延續3小時甚至更長時間。進餐時客人都斜倚在臥榻上,酒菜則擺在榻前的矮桌上,同時有希臘豎琴家和舞蹈家的演奏和舞蹈陪伴。富人們的食慾一般很難有滿足之時,為飽口福而傾家蕩產亦不罕見。羅馬城內有一貴族,以講究吃而聞名,後來當他發現自己的家產已經所剩無幾時,為了避免長期忍受普通飲食之苦,竟在一次盛宴之後自殺了。

精緻的飲食文化

國家圖書館出版品預行編目資料

不朽的羅馬，從神話到帝國稱霸：宗教文化 × 戰爭史詩 × 建築藝術 × 哲學戲劇……從神話起源到帝國興亡，全面解析羅馬文明的多元面貌與影響 / 陳深名，林之滿，蕭楓 編著. -- 第一版 . -- 臺北市：崧燁文化事業有限公司，2024.10
面；　公分
POD 版
ISBN 978-626-394-897-6(平裝)
1.CST: 古羅馬 2.CST: 文化史
740.225　113014284

電子書購買

爽讀 APP

臉書

## 不朽的羅馬，從神話到帝國稱霸：宗教文化 × 戰爭史詩 × 建築藝術 × 哲學戲劇……從神話起源到帝國興亡，全面解析羅馬文明的多元面貌與影響

編　　　著：陳深名，林之滿，蕭楓
發　行　人：黃振庭
出　版　者：崧燁文化事業有限公司
發　行　者：崧燁文化事業有限公司
E - m a i l：sonbookservice@gmail.com
粉　絲　頁：https://www.facebook.com/sonbookss/
網　　　址：https://sonbook.net/
地　　　址：台北市中正區重慶南路一段 61 號 8 樓
8F., No.61, Sec. 1, Chongqing S. Rd., Zhongzheng Dist., Taipei City 100, Taiwan
電　　　話：(02) 2370-3310　　傳　　　真：(02) 2388-1990
印　　　刷：京峯數位服務有限公司
律師顧問：廣華律師事務所 張珮琦律師

-版權聲明

本書版權為淞博數字科技所有授權崧燁文化事業有限公司獨家發行電子書及繁體書繁體字版。若有其他相關權利及授權需求請與本公司聯繫。
未經書面許可，不得複製、發行。

定　　　價：299 元
發行日期：2024 年 10 月第一版
◎本書以 POD 印製
Design Assets from Freepik.com